城市交通拥堵综合治理的
探索与实践研究

凌 瑛 著

中国原子能出版社
China Atomic Energy Press

图书在版编目（ＣＩＰ）数据

城市交通拥堵综合治理的探索与实践研究 / 凌瑛著
. -- 北京 ：中国原子能出版社，2018.12 （2021.9重印）
ISBN 978-7-5022-9622-3

Ⅰ．①城… Ⅱ．①凌… Ⅲ．①城市交通－交通拥挤－
交通运输管理－研究 Ⅳ．① U491

中国版本图书馆 CIP 数据核字（2018）第 292275 号

内容简介

本书是属于城市交通管理方面的著作，由理论现状篇、策略探索篇、实践案例篇三个模块构成。其中，理论现状篇包括城市交通拥堵的初步认知、城市交通管理的方法与理论、国内外城市交通拥堵治理经验；策略探索篇包括基于政府智能的城市交通拥堵治理策略、城市公共交通优先发展策略、城市交通需求管理策略、城市智能交通系统构建策略；实践案例篇包括协同治理视域下深圳交通拥堵治理、大城市框架下绍兴交通拥堵治理。

城市交通拥堵综合治理的探索与实践研究

出版发行	中国原子能出版社（北京市海淀区阜成路 43 号　100048）
责任编辑	王　丹　高树超
装帧设计	河北优盛文化传播有限公司
责任校对	冯莲凤
责任印制	潘玉玲
印　　刷	三河市南阳印刷有限公司
开　　本	710 mm×1000 mm　1/16
印　　张	13
字　　数	280 千字
版　　次	2018 年 12 月第 1 版　2021 年 9 月第 2 次印刷
书　　号	ISBN 978-7-5022-9622-3
定　　价	49.00 元

发行电话：010-68452845　　　　　版权所有　侵权必究

作为城市运转必不可少的条件之一，城市交通是实现城市人、物、信息空间移动的手段，对城市经济社会实现可持续发展具有重要意义。随着经济的飞速发展，城市规模不断扩大，机动车保有量激增，交通拥堵问题已成为困扰世界各大中型城市的"城市病"。20世纪80年代后，我国城市化进程加快，城市机动化水平快速增长，城市交通结构变得越来越复杂，城市交通基础设施供给已经不能满足日益增长的交通量的需求，交通供需严重失衡，造成严重的交通拥堵问题。在这种情况下，很多城市都面临着"乘车难、出行难"的问题，严重影响了我国城市经济社会的可持续发展。同时，由于车辆排放废气多，城市环境急剧恶化，在一定程度上增加了城市环境污染的治理成本。另外，长时间的交通拥堵也给居民造成很大的心理压力。长此以往，交通拥堵问题可能会形成"蝴蝶效应"，影响我国经济社会的长期发展。所以，探索解决城市交通拥堵问题的对策，从多个角度深入研究交通拥堵的综合治理措施，具有重大的理论意义和现实意义。

城市交通拥堵治理是一项复杂的系统工程，不但需要各级政府及相关部门采取综合措施、共同努力，也需要学习和借鉴国际先进经验。实践表明，解决城市交通拥堵应坚持疏堵结合、综合治理。与国外城市相比，我国城市人口总量大、人口密度高、土地资源匮乏、能源紧张，这些特点决定了我国城市发展必须采取集约化、高效率的发展模式，要想治理城市交通拥堵，必须进一步加强政府在城市交通规划中的宏观调控能力，提高公共交通的竞争力和吸引力，加强对交通需求的管理与引导，构建城市智能交通系统，倡导城市交通文明。

基于上述情况，本书从城市交通拥堵理论的现状出发，提出综合治理城市交通拥堵的相关策略，并给出城市交通拥堵治理的实践案例，以期为开展城市交通拥堵治理工作提供有益参考。

在本书的编写过程中，笔者参考借鉴了一些学者的研究成果，在此对这些学者表示衷心感谢。同时，真诚地欢迎读者对本书提出宝贵的意见和建议。

凌瑛

2018 年 6 月

目 录 CONTENT

实践案例篇

理论现状篇

第一章　城市交通拥堵的初步认知

第一节　城市交通的概念及作用

一、城市交通的概念

城市交通指的是城市运输体系中的客货输送以及公众出行。不同城市的交通情况会因不同的城市结构、城市位置、城市规模、城市性质等具备不同的特点。

城市交通可以分成3个部分——货物专业运输、私人交通以及城市公共交通。

私人交通包括自有车出行和步行。自有车涵括了自行车、三轮车、摩托车及小汽车等。私人交通方式具有方便快捷的特点，有利于人们按照自己的意志出行。但是，自有车的运载量较小，输送效率较为低下，其过度发展会加大整个城市交通拥堵，使平均车速降低，环境污染变得越来越严重，能源消耗量持续提升，停车也会成为一个大问题。

城市公共交通指的是乘客的公共运输。运输工具可分为出租车、公交车、电车以及地铁等。伴随着交通运输的发展，铁路市郊旅客运输也渐渐成为城市公共交通中的一员。当人们在对有轨电车进行技术改进的时候，发展了一种快速有轨电车，它既可以在地面上高速运行，也可以在地下飞快传送，在城市繁华地段不会与其他车辆相互干扰，具有运行速度快、载客量大、运行平稳的特点。在各个城市的现代化发展进程中，快速有轨电车与地铁渐渐兴起，成为人们出行的第一选择，极大地丰富了城市公共交通的方式。城市公共交通的运营方法包括定线不定站服务、不定线不定站服务以及定线定站服务。公共交通运输工具有载客量较大、运输效率较高、能源利用率较高的特点。相比私人交通，其对环境影响较小，城市治理成本较低。

货物专业运输指的是企业使用专业的运输工具进行的运输。这种方式具有运输效率高、货物损坏率低的特点。货物专业运输会根据货物的种类和性质进行配车，并制订专门的计划提升运输车辆的运载量，提升道路和车辆的使用效率，从而大大节约运输投资，节省出来的资金可以用来引进技术，改善运输工具，如此会形成一个良性的循环，给解决城市交通堵塞问题带来福音。

人们一直认为，解决城市交通问题的关键是解决车流和人流的流通问题。但是，伴随着可持续发展理念的提出，人们越来越意识到良好的城市交通不仅是确保交通的通畅无阻，还关乎整个城市的可持续发展。所以，现代城市交通的概念应该被赋予新的含义，即在舒适与安全、低污染与低能耗、有序与通达三个层面的相互结合与统一。很多的城市管理者都开始转变想法，将城市交通逐渐融入到城市的可持续发展中来。

二、城市交通在城市发展中的作用

城市发展的进程离不开城市交通。城市和外部产生联系以及城市内的生产、生活都要依靠值得信赖的城市交通体系。

产业革命之前，城市大都以农业为主，城市内部只有对农产品原料进行简单加工的手工业，经过处理之后的农产品才会被用来交换。这种产业活动是局限于整个城市的管辖范围的，并且蕴含着深厚的政治理念，城市交通就是影响城市管辖范围大小的关键因素。因此，统治者会把城址选在交通方便的位置，然后会在主要的城市之间修建道路，加强各个城市之间的联系。当时，水上运输是人们主要的交通手段，所以古时候的大城市大都围绕着港湾和河岸修筑。

工业革命促进了生产力的提升，引发了整个人类社会突飞猛进地进步和发展。同时，工业革命的出现使城市和农村逐渐分离开来，最大限度地凸显了城市的经济作用。19世纪，蒸汽机、电动机、内燃机相继出现。并被广泛应用，工业迅速发展，城市规模也逐渐壮大。工业的迅速崛起加大了工厂对劳动力的需求，因此在工业城市中劳动力被聚集起来，人口数量明显增多，给当时相对落后的城市交通带来了很大压力，这就迫使城市交通做出变革，传统的人力交通工具开始被机器取代，出现了汽车、火车、轮船、铁路等交通工具和交通方式。

此外，农业的快速发展也得益于工业革命，农业技术的进步使农产品的产量实现了快速增长，这也给城市的扩张、人口数量的激增奠定了基础。城市扩张的基础有了，城市交通的方式也就逐渐发生了改变。城市交通有了火车、轮船等多种多样的交通运输方式，从而使城市的交通问题得到缓解。

具有强大经济功能的工业中心城市一旦形成，必然带来城市规模的不断扩大，这也促进了城市交通的发展，城市的内部交通也随之替换掉了和中心城市发展速度不匹配的马车和人力车，渐渐引入了具有高承载力和稳定性的电车和公交车等现代化交通工具。

城市交通的进步给生活在其中的人们提供了较为便利的条件，丰富了人们的日常生活，进而吸引更多的资本和人力流向城市，促进了城市的现代化进程，使城市不得不向外不断扩张，形成一个反复循环。在城市发展过程中，总是希望城市交通使用运输能力较强的大型运输工具。城市交通的日渐拥堵迫使管理者做出更多的改变，除公交车和电车之外，近郊铁路、地铁以及高速铁路等新型交通方式相继出现。私人交通这种更为便利的交通方式也越来越有优势，在很多发达国家，因为私人交通的盛行以及汽车工业的迅速崛起，私人交通出现了井喷式的大发展，交通工具的增长速度远远超出城市基础设施的承载力，城市管理者只好投入更多的物力、财力、人力修建适合现代化交通方式的公路、铁路、公交车枢纽站以及停车场等。随着城市交通的完善和交通方式的多样，市区的范围进一步扩张。扩张后的城市对交通方式和交通工具又提出了更高的技术和设施的要求。就是在这样一个反复循环里，城市逐渐在发展，交通方式也在不断进步。

综上所述，城市的现代化进程和城市交通之间有着千丝万缕的联系。从城市的崛起、发展以及城市交通的发展来看，城市和城市交通发展之间是一种交互递推的联系（图1-1）。

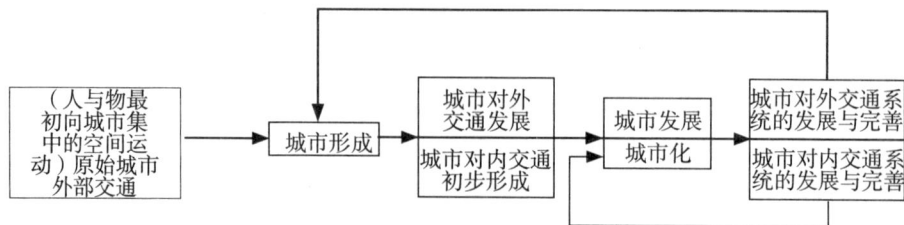

图1-1　城市与城市交通发展的交互递推关系

　　城市交通发展和城市之间的这种交互递推关系可以这样理解：人和事物向城市集合可以看成城市的雏形，它加快了城市的形成；而经济的发展、社会生产力的提升又使城市的规模越来越大，人和事物向城市集中的速度也越来越快，从而促进城市对外交通的发展；城市本身规模的扩大促使最初的城市内部交通形成；便捷的城市内外交通为城市的进一步发展及城市化的加速提供了有利条件。当城市与城市交通向更高阶段发展时，城市经济功能越来越丰富，经济结构越来越完整，郊区与城市间的经济往来更加密切，这时又会对城市内外交通的进一步完善提出更高的要求。城市对外和对内交通系统的日益完善又反过来会刺激新兴城市的产生。由此，城市与城市交通的发展之间表现出一种明显的交互递推关系。

　　要想深入体会城市交通发展和城市之间的这种交互递推的关系，就要先了解城市交通在城市现代化进程中做出的主要贡献，可以从以下几个层面进行阐述。

　　（1）城市交通的形成和发展给城市的现代化进程奠定了基础，城市交通的等级、规模、作用以及性质等和城市的功能影响范围之间是正比关系。交通运输业的兴起促进了城市的诞生，城市交通的完善程度会影响整个城市的进步和发展。此外，城市的发展程度也会被城市交通的完善程度制约，城市的发展水平和城市交通系统的发展程度也呈现正比关系。

　　（2）整个城市经济结构的协调有序发展都离不开城市交通。不管一个城市的经济结构是着重于文化、金融、商业、旅游，还是着重于工业、科技或贸易等，都要和城市交通扯上关系，将城市交通作为城市发展和进步的基础，这座城市才会成为一个具备相应经济结构的城市。

　　（3）整个城市的工业结构、基础结构的协调、有序发展离不开城市交通。城市交通可以让整个城市的经济活动变得更加成熟，城市交通一定要和城市的各项经济生活相匹配，最好做到有所盈余。如果城市交通没有做到有序和协调，同样会使城市的经济发展受到阻碍、中断，甚至灭亡。

第二节　城市交通拥堵概述

一、城市交通拥堵的基本内涵

从出行者的角度看，交通拥堵指的是驾驶者对车速以及时间的主观认识，也就是说当车辆在十字路口进行龟速挪动或者等待时，驾驶者最明显的体验就是驾驶时间要多于自己平时出行的标准，即超出驾驶者承受范围内的时间增多了，所以出行时间及其相关指标被广泛应用于交通拥堵的定义与评价。

广义地说，交通拥堵是由于人们的居住地点和娱乐、购物、上学以及工作地点的分离引起的，是人们出行需求和城市交通供给不协调的产物。交通拥堵的地点、程度以及特性由于人们居住、上学、娱乐以及工作地点的不同而不同。交通拥堵带给驾驶者的感受主要就是车辆在进行龟速挪动或者等待时他们对时间的主观认识。

一般来说，当有以下这些情况发生时，交通拥堵就会出现：一是行驶道路上存在通行能力不能满足交通需求的地段，使这一段的交通体系达不到人们日益增长的出行需求；二是道路资源紧张，使自行车、公交车、小汽车以及路人等这些交通方式之间出现矛盾；三是交通指挥不合理，交通指挥者不能快速有效地疏导交通。以上这些因素都会导致和加剧城市交通的拥堵程度。

交通拥堵还没有一个统一的定义。通俗来说，交通拥堵指的是一条道路的交通需求超过该条道路的交通容量的时候，超出承载量的交通工具拥堵在道路上的一种现象。交通拥堵最主观的认知就是驾驶者的驾驶时间超过了自己日常的出行标准，也可以说是超出驾驶者承受范围的时间增多。所以，出行时间和其他一些标准被看作是交通拥堵的定义与评价。

交通拥堵的属性可以总结为以下几个方面。

（1）拥堵出现的地点。城市的交通道路有主路和辅路的区别，在不同路段出现的拥堵就要施行不同的方案。拥堵地点可以分为重要交叉口、主要道路、次要交叉口以及次要道路等。

（2）拥堵出现的类型。根据拥堵出现的顺序可以推断出拥堵的类型。在瓶颈处出现的拥堵叫做原始拥堵；从原始拥堵慢慢演变出的拥堵叫做后续拥堵。

（3）拥堵出现的程度。考虑交叉口附近相关道路上出现拥堵的程度，可以使用车辆排队的长度以及车辆被堵的时间长短阐述拥堵的程度，如分成拥堵、非常拥堵、严重拥堵以及死锁。

（4）拥堵出现的原因。出现拥堵的原因有非正常情况以及正常情况两种，正常情况主要是由于车流量瞬间变大，超出了道路的承载量，这种拥堵很容易出现在上下班的高峰时段，很有规律性。

（5）拥堵出现的时间。拥堵出现的时间不相同，对交通的影响程度也不同，根据出现时间的不同，拥堵可以分成平峰、早高峰以及晚高峰等。

二、城市交通拥堵的分类

按照产生交通拥堵的不同原因，可以将交通拥堵划分成偶发性交通拥堵以及常发性交通拥堵。

偶发性交通拥堵指的是因为某些突发事件造成道路承载量的降低，或者是过多的车流量出现在道路上从而引发的拥堵。比较常见的特殊情况包括道路维修、大型活动、恶劣天气以及交通事故等，偶发性交通拥堵是没有特定的规则并且没有办法预测的。

常发性交通拥堵指的是在一些特殊的时间和地点，因为过多的车流量出现在道路上，超过了道路的正常承载量而引发的交通拥堵。常发性交通拥堵通常有以下两个原因：几何原因、运行原因。常发性交通拥堵一般是比较稳定的，是有规则可寻的，人们可以预测这种拥堵出现的时间和地点。所以，常发性交通拥堵又叫做周期性的拥堵，具有很明显的客观特性。

偶发性交通拥堵与常发性交通拥堵如果同时出现，就会形成混合性交通拥堵如在上下班的早晚高峰发生了一些突发事件，使道路通行出现障碍，承载量降低，从而引起交通拥堵现象。

交通拥堵还可以按照出行者接受交通拥堵的程度划分成不可接受拥堵和可接受拥堵。

可接受交通拥堵表现出的延误反映、出行时间以及出行速度会随着城市规模的大小、地点的不同、出行时间的不同而变化。由于拥堵位置、拥堵人群以及拥堵时间不同，人们对拥堵的接受程度也是不相同的。可以这样认为，交通拥堵的问题一直都存在，只不过有些拥堵可以被人们接受，有些拥堵是人们不能够接受的，人们需要化解的交通拥堵就是那些不能被人们接受的拥堵。可接受拥堵指的是在出行的时间被延误时正常出现的交通拥堵；不可接受拥堵指的是拥堵的状态超出了人们的接受底线。这个划分的标准会根据交通工具的种类、地点以及出行时间点的改变而改变。

此外，根据产生的交通拥堵是否有周期性还可以将拥堵划分成非周期性拥堵和周期性拥堵。非周期性拥堵指的是由于一些突发事件的出现使道路上出现的拥堵。周期性拥堵指的是在某些特定的时间和特定的地点循环出现的拥堵。

三、城市交通拥堵的空间分布

城市交通拥堵具有自己独特的性质，而且在其相互影响和关联上，还具有某种时空特点。把十字路口和相关的道路看成是一些点和线段，根据各个道路之间的联系将道路抽象为一个复杂的交通网络，那么交通拥堵的空间分布主要是指在某一个时间段上，拥堵在城市路网中道路和交叉口之间持续的分布状态。依据交通拥堵形成的空间分布特点，将交通拥堵的空间分布形态分成点、线、面三种。

点指的是拥堵出现在某一个或者很多个交叉口，只会对与其相连的道路产生影响，并不会影响到其他道路。

线指的是随着车流量的激增或者相关的交通拥堵没有被及时解决，从而造成了拥堵会从某一点蔓延到相关的道路上，形成一条拥堵的线。

面指的是拥堵出现在相互联系的道路上，并且路段与路段之间的交叉口相互重合，从而形成一种区域性的拥堵。

一般来说，城市交通拥堵在时空上的分布可以概括为以上三种，其直观描述如图 1-2、图 1-3、图 1-4 所示。某一状态下，可能是其中一种，也可能以其组合形态存在。

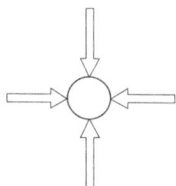

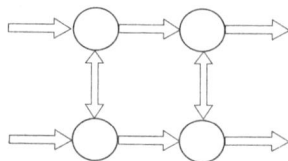

图 1-2　拥堵点的空间分布　　图 1-3　拥堵线的空间分布　　图 1-4　拥堵面的空间分布

四、城市交通拥堵的衡量

（一）衡量城市交通运行效率的一般指标

衡量城市交通运行的效率可以使用可达性和机动性这两个指标。

1. 机动性

早在20世纪20年代机动性的理念就被人们提出来，当时美国的一些专家指出，机动性是衡量城市社会的一个很公平的指标。到了20世纪60年代，欧洲的一些专家将机动性运用在城市规划中，使传统的城市交通研究变得更加深入，确保了城市规划的动态研究。传统观念的更迭使城市机动性的研究变成城市动态发展和静态空间分布的重要连接点，进而使城市交通的规划不再隶属于城市的空间规划。

交通拥堵和机动性是相互区别开来的，机动性表现的是出行者自由出行的能力。城市的机动性越高，人们的出行也就更加有效率；城市的机动性越低，人们出行浪费的时间也就越多，从而出现城市中的交通拥堵。所以，机动性可以概括为人们或者货物以某种速度经济、便捷抵达目标地的能力。上面提及的速度是自由流速度。

机动性可以确保人们能够高效率、便捷地抵达目标地点。如果仅被应用在人或者物快速地移动，那么机动性衡量的就是人或者物的运动速度和量的多少，从这点看，机动性也可以应用在其他交通方式上。和交通拥堵相同，机动性也会根据时间和地点的不同而发生改变。

2. 可达性

可达性又叫作通达性，指的是通过某种独特的交通体系从某一个地点到达目标地点的方便性。一般可以被看作城市中两点之间的便捷性，实际上指的是点和点、点和线之间各个地理元素的空间关系。它从另一个角度也体现出了交通质量。可达性的含义非常广泛，有社会学上的可达性、心理学上的可达性以及时空意义上的可达性。从城市交通的角度考虑，更加注重时空意义上的可达性。这是一个用来评定城市交通系统是不是可以高效率运转，是不是可以实现平衡、充分、协调这一基本要求的一项综合性指标。

可达性是一个比机动性更广的指标，它把交通系统评价和土地的使用情况结合起来，可以运用绝对出行时间表现可达性。可达性具备以下几个特点：一是有时间上的概念；二是有空间上的概念；三是有经济和社会价值；四是交通系统、起点以及终点是可达性的三个要素。在可接受拥堵的情况下，可达性会随着时间点、出行方式、目标地点的不同而不同。

（二）城市交通拥堵的具体衡量

交通拥堵是一种在某个时空，因为城市交通的供给与需求不平衡而产生的交通滞留现象，最主要的原因就是城市的交通承载量不能适应实际的交通需求，而且这种现象不能得到有效解决。上面所说的交通拥堵的空间性与时间性可以使用拥堵车流的长度和延迟的时间进行衡量，这两个标准尽管不能完全体现出交通拥堵的本质，却能够直观地表现出交通拥堵的程度。

交通拥堵是城市交通亟待解决的问题，只用一个单一的标准很难描述出任意一个出行者对交通拥堵的关注面。大体上说，交通拥堵体系有4个互相联系的要素，即拥堵可靠性、拥堵范围、拥堵时间以及拥堵程度。拥堵时间指的是整个交通拥堵从出现到消失需要花费的时间，可以这样理解，拥堵持续时间越长，拥堵就会越严重；拥堵范围指的是交通拥堵影响的人数、车辆数目以及整个拥堵的区域面积等；拥堵程度指的是交通拥堵对出行者的影响程度，这样就可以给拥堵的级别进行定义，可以通过延误和平均速度等指标表示；拥堵可靠性是评估交通拥堵的一个重要要素，它可以体现出其他3个元素的变化和联系。

每个国家都有自己的一套体系评定交通拥堵。1994年，日本制定出了应对交通拥堵的标准，其将一般道路拥堵时间10分钟以上和拥堵长度1千米以上定为交通拥堵，将首都高速公路的交通拥堵定义为拥堵量在15小时·千米/天以上。美国在对城市干线街道的服务水平的交通拥堵等级划分中，把车流量速度22千米/小时以下的不稳定车流定义成拥堵车流。

我国城市交通的评定指标有拥堵率、平均车速、路网可靠度以及饱和度等。我国公安部对拥堵路段和拥堵路口都进行了定义，把车辆在无信号灯控制的十字路口受到阻碍且车流长度超出250米，或者车辆在有红绿灯的路口经过3次绿灯都没有通过路口的现象被定义为拥堵路口；车辆在道路上受到阻碍且车流长度超出1千米的路段被定义为拥堵路段。

我国公安部在《城市道路交通管理评价指标体系》（2002年版）中用城市主干道上机动车的平均行程速度描述其交通拥堵程度：城市主干道上机动车的平均行程速度不低于30 km/h为畅通，低于30 km/h但高于20 km/h为轻度拥堵，低于 20 km/h 但高于 10 km/h 为拥堵，低于 10 km/h 为严重拥堵。在《城市道路交通管理评价指标体系》（2008 年版）中，则以高峰时段建成区主干道平均车速（建成区早、晚交通流高峰时主干道上机动车的平均行程车速，包括中间停车时间和延误时间，单位为 km/h）评价道路的通畅程度，评价标准等级为一级、二级、三级、四级、五级，对应的平均速度为：特大型和 A 类城市 [25，30]、[22，25]、[19，22]、[16，19]、[0，16]；B 类城市 [28，33]、[25，28]、[22，25]、[19，22]、[0，19]；C、D 类城市 [30，35]、[27，30]、[24，27]、[21，24]、[0，21]。

第三节　我国城市交通的现状

1885 年，德国人造出了世界上第一辆汽车。可以说，汽车的发明创造使整个交通网络发生了重大的改变，城市交通体系也出现了重大的变革，20 世纪 30 年代德国就建成了全国联网的高速公路。车辆的发明以及交通网络的变革给人们的生产、生活水平带来了极大的便利，从根本上提升了人们的生活品质，改变了国家的产业结构。机动化水平的提高使人们出行以及物品的运输都有了更高的效率，人们的出行范围越来越广，进而提升了整个国家的经济发展水平。但是，每一件事情都有两面性。机动化的发展在给人们生活带来便利迅速增长，还引发了很多的城市交通问题。机动化和现代化的不断发展，使人们对交通的需求迅速增长，也使城市交通发展的现状和日益增长的交通需求出现了不平衡，城市中的交通拥堵现象频发，许多大城市的私家车出行带给人们的不再是方便和灵活，而是出行难和停车难。此外，交通拥堵还使交通体系的服务质量逐渐下滑，交通延迟的时间逐渐增加，交通事故发生的概率逐渐变大，环境污染、资源浪费等问题也日益严重。可以说，城市交通产生的问题已不是交通领域的内部问题，而成为一个广泛的社会问题，影响到各行各业。交通问题不仅是在那些现代化水平较高的发达国家才会有，发展中国家同样面临着城市交通的拥堵问题，甚至发展中国家的交通问题更严重。

随着国家经济水平的提升和现代化进程的提速，我国私人车辆保有量在不断增加，但城市交通设施的停步不前使城市交通问题越来越尖锐，资源浪费严重、环境污染、车辆事故多发、生产效率降低等都是交通堵塞带来的问题。更不要说那些大城市了，尤其是在大城市，交通拥堵最为突出、最为普遍，上海、西安、北京、广州、珠海等这些超级城市的交通堵塞问题更为严重，并且已经严重影响了城市的经济进步和社会发展。交通堵塞已经成为我国城市发展过程中不得不解决的一个重要问题。

目前，我国城市交通的特征及存在的问题主要有以下几个方面。

（1）交通拥堵日趋严重。改革开放后，我国的现代化进程越来越快，城市的交通拥堵问题也愈加严重，一些大城市表现得尤为明显。例如，2010年，北京市的交通拥堵共有16 798例；北京市城区内拥堵严重的路口、路段从2008年的36处提高到了99处；市区高峰时期每一小时的车流量超出10 000辆的路口已经达到了27处；二环和三环的双向车流量每一小时已经超过了11 000辆，城区内的主要干道平均负荷度达到了95%。这些导致城市一般干道上的车辆平均时速只有15～20千米/小时，城市中心区域的车辆行驶速度已经低于10千米1小时。20世纪80年代以来，我国特大城市市区的车辆平均行驶速度从20千米/小时降到了12千米/小时。在某些大城市的市中心，车辆的平均行驶速度已经下降到了8～10千米1小时。我国32座人口数量超百万的城市交通设施的承载量已经到达了极限。我国各大城市的交通拥堵变得越来越频繁和严重，甚至中小城市交通拥堵问题也变得越来越普遍。

（2）机动车拥有量迅速增长。改革开放以来，我国的经济不断发展，人们的生活水平日益提升。在"九五"计划中，我国鼓励优先发展汽车产业，所以出租车、私人小汽车发展十分迅速。有资料表明，2018年6月末，我国机动车保有量已达3.19亿辆，全国汽车保有量达2.29亿辆。2010—2017年，我国汽车保有量由9 086万辆增加到2.17亿辆，年平均增长率为14.0%。

（3）城市道路基础设施不足。在城市道路基础设施建设中，我国大城市高密度的土地利用模式决定了道路空间资源的有限性；再加上近年来政府对城市道路系统的规划建设方面的投入，与对高速公路建设的投入相比显得不足，城市道路数量严重不足，城市路网的发展赶不上机动车辆的迅速增长。我国机动车保有量年平均增长18.18%，但20世纪90年代以来我国城市道路面积年均增长仅5.47%，铺装道路面积年均增长仅7.92%，2008年城市人均铺装道路面积仅有8.3平方米，而一些发达国家一般为20～40平方米。根据世界各汽车化交通发达国家的城市交通用地分析可知，它们的城市道路面积率范围一般在 18% ～ 35%，而我国 2008 年城市道路面积率平均不足 7%，即使在机动化水平较高的城市道路面积率也仅在 10% 左右。

（4）交通辅助设施不完备。交通辅助设施包括交通标志、停车场、信号灯、枢纽场站以及标线等。我国的交通设施建设方案一直是重在修路，忽视了枢纽场站等的建设。由于对城市交通建设没有长远考虑，没有对枢纽场站的规划提起足够重视，因此我国城市交通设施布局不合理，运行效果较差，不能大幅度提升人们的出行质量。城市中的停车位建设也不合理，没有随着小型机动车的增长而扩建，使小型机动车处在无处安放的尴尬境地，公交车和自行车停车场的规划也是捉襟见肘。

（5）城市路网密度低且结构不合理。城市路网密度指的是某一个区域中的道路总里程占区域总面积的比例。发达国家的城市路网密度是 16.21 千米 / 平方千米，而我国的城市路网密度是 4.85 千米 / 平方千米，和发达国家差距不小。密度较高的城市道路网可以形成连续的机动车、行人和非机动车分流系统，不仅有利于营造公共安全的良好氛围，还能够提升机动车的速度，有效地组织拥堵的交通，缓解高峰时期的道路压力，平衡整个交通网。此外，辅路还可以为城市道路的交通起到分流作用。

我国大中城市的路网密度普遍较低，特大城市的路网密度都达不到国际上 7.1 千米 / 平方千米的上限标准。一部分城市达不到国际上 4.3 千米 / 平方千米的下限标准。北京市意识到了城市路网密度的问题，重新规划路网结构，对道路建设提出了新的方案，整改之后的路网密度为 4.4 千米 / 平方千米。

我国的城市道路具有支路短缺、干道间距大、交通系统效率低下、空间浪费严重、功能不足的问题。我国 70% 的城市依然没有一个成套的路网体系，一些大城市的快速公路和大容量轨道交通系统的建设还只是刚刚起步。

（6）城市交通规划不科学、交通管理不善。如今，很多大城市都会集中精力规划建造干路、支路、辅路以及环路等，而且会重点建设环线公路，对那些连接郊区的快速通道还未投入过多的资金和物力，没有从长远角度打算，没有从城市整体规划高度出发，全面地进行交通规划，忽视了道路网络的形成，甚至认为城市交通建设就是"修建环线、拓宽马路、建立交桥"。这不仅难以发挥工程的效益，还形成了新的交通瓶颈。同时，我国在现行的城市交通结构中，自行车仍然是许多大城市主要的交通工具，在日常出行中自行车的比例达到30%以上。面对数量众多的自行车交通流，大部分城市没有比较完善的自行车道路系统，混行交通较为普遍。道路使用权由行人、非机动车和机动车共享，且交通管理不善，几乎没有采取措施实现人车分离、机非分离，从而造成车辆低速行驶和事故频繁发生。

（7）公共交通发展滞后。当前，我国的城市交通建设还是比较落后的，建设结构不是很合理。那些世界级超大城市公共交通的人均承载量在50%～60%，东京甚至达到了80%，而我国的公共交通人均承载量还不到30%。1993—2010年，公共交通的路线长度和运营车辆分别提升了2.8倍和2.5倍，可是公共交通的行驶速度却下降了50%，提升的运力被低效率抵消。

我国城市里的公共汽车数量还是比较少的，而且人均保有率较低，还不足每千人0.6辆，北京市则是2 800人才拥有一辆公共汽车。这也使我国公共车辆的承载量压力很大，车上的人员密度非常大。我国的一辆公共汽车一年会输送乘客大约60万人次，上海则达到了90万人次，而国外的公共汽车一年输送的乘客还不足40万人次。所以，可以想象，我国的公共汽车服务质量很差。

我国的公共交通在技术和管理上比较落后。尽管我国的各级政府已经开始重视公共交通在城市交通中的作用，可是在方案的落实上还和实际情况有很大的出入。公共交通路线的覆盖面小，准时到达率较低，人们的换乘方案较少，检修和调度需要消耗较大人力、物力、财力等现状，使我国的城市公共交通只是应用在公共汽车、电车，缺乏大运送量的、技术先进的轨道交通。

（8）交通参与者的法规观念淡漠。人们遵守交通法规的观念还比较差，这使我国的交通秩序较为混乱、交通事故频发，从而形成了更为严重的交通拥堵。以北京市二环路上发生的事故为例，交通事故大致有3类：违章并线出现的剐蹭、后车的追尾事故以及并线频繁出现的事故。2018年，北京市相关管理部门公布了这样的数据：北京市的公共汽车和出租车只占了全市车辆的10%，违章却占30%。

第四节 城市交通拥堵产生的原因及危害

一、城市交通拥堵产生的原因

交通拥堵是交通供给和交通需求耦合失衡所致。然而，交通供给与交通需求均具有非常复杂的特征。

（一）城市交通供给

在我国的大部分城市里，"先天不足"带来的交通供给不足是造成道路交通拥堵的基本原因。供给不足可分为交通建设用地供给不足、交通基础设施总量供给不足、交通体系结构和道路体系结构失衡等。

交通建设用地供给不足是指在城市用地中，交通建设用地配置总量和比例过低。这是由于我国城市交通建设起步晚，与工业、商业、房地产相比，城市交通用地没有得到应有的重视。

交通基础设施总量供给不足是指没有配置与城市经济社会发展及交通出行需求相适应的交通基础设施数量。在城市交通建设用地配置不足的情况下，也难以规划和建设合理的交通基础设施数量。

城市交通体系结构是指城市交通中各种交通方式运营里程所占的比例，即城市轨道交通、道路、水运等的比例结构。对于一座城市而言，合理的交通体系结构是缓解道路交通拥堵的前置条件。当然，不同类型和等级的城市具有其合理的交通体系结构，其结构失衡将带来道路交通拥堵。例如，由于城市公共交通发展缓慢，过多的交通出行依赖私家车等私人交通工具，从而造成道路负担过重，交通需求超过其交通容量，带来道路交通拥堵。

道路体系结构是指城市道路中快速路、主干路、次干路和支路的比例。在城市道路体系中，即使道路总量供给合理，其结构不合理也会导致交通出行特征与道路功能不匹配，从而导致交通拥堵。例如，由于支路和次干路配置过少，过多的短距离出行集中于快速路或主干路，从而造成快速路和主干路交通拥堵。

（二）城市交通需求

城市交通需求过于旺盛是由于城市人口的膨胀和私家车保有的无序快速

增长、城市公共交通系统发展滞后、私家车过度使用所致。城市交通的供给不足，交通需求过于旺盛，导致在城市范围或局部范围内交通出行需求远大于交通供给，在刚性需求多的时间段或线路产生失衡，从而造成道路交通拥堵。

（三）交通设计

在交通设计方面，造成道路交通拥堵的原因主要有城市交通网络结构没有科学引导交通出行，交通方式之间的衔接不当，道路断面功能设计欠合理，出入口数量、出入口的功能结构及出入口之间的距离欠合理，交叉口没有合理的渠化设计，等等。

（四）交通组织管理与控制

交通组织管理与控制欠科学也是造成道路交通拥堵的原因之一。例如，对于潮汐交通流特征明显的道路而不按照其交通需求特征设置潮汐车道；信号交叉口的信号配置没有根据需求的多寡进行智能化自适应控制；交通标志缺位或设置不合理；等等。

（五）交通事件

交通事件是指随机发生的道路交通事故、车辆故障、道路损坏、降雨、降雪等事件。这些交通事件的发生通常造成车道或整个断面交通中断，带来线路甚至相关区域的交通拥堵。

二、城市交通拥堵的危害

城市交通拥堵是一个普遍的现象，对我国社会经济的发展造成了很大的影响。

（一）城市交通拥堵极大地降低了社会效率

交通拥堵给人们正常生活带来的干扰就是出行成本的增加。此外，出行成本的提高还会让人们主动减少非必要的出行，这也降低了人们的生活水平。

交通拥堵使交通延误增长，车辆行驶速度的降低使运输效率相应降低，带来了时间损失和燃料费用的增加。交通拥堵会令人烦躁不安、情绪低落，严重影响人们的工作效率和身心健康。交通拥堵造成交通事故频发，而交通事故的发生又使交通阻塞加剧，形成恶性循环，造成严重的经济损失。

根据相关资料，泰国首都曼谷就是因为交通拥堵使国内的生产总值损失了三分之一。在欧美发达国家，很多城市也由于交通拥堵每年损失数十亿美元，而由于交通拥堵带来的环境污染和交通事故更是造成了不能估计的损失。相关研究表明，美国39个主要城市由于交通拥堵造成的损失每年大概有410亿美元，12个大城市每年的经济损失大约会超过10亿美元。1985年和1980年相比较，东京的运输成本每年大约会增加842亿日元，由于交通拥堵的日益严重，货车的运输效率逐渐降低，运输成本逐渐上升，东京每年因为交通拥堵产生的经济损失大约有12.3万亿日元。欧洲因为交通拥堵每年的经济损失大约有5 000亿欧元。2002年，我国的交通拥堵产生的损失约有1 700亿人民币，占据了我国全年国民生产总值的1.7%。

（二）拥堵的城市交通造成土地、石油资源的大量消耗

联合国的统计数据显示，交通运输部已经成为消耗化石能源最多的部门。我国现代化进程的持续推进、人口的不断增多、城市规模的逐渐扩大使人们对交通设施有了更高的要求。我国的国情是，化石能源人均占有不足、人口数量众多、能源浪费严重、使用率低下、替代能源发挥作用不明显。而且，我国的能源分布有着区域特点，能源的质量并不是很高，能源分布不合理，化石能源中污染最严重的煤占75%，污染相对较轻的天然气和石油只占据的20%，没有污染的水资源占据了最少，为5%。这些资源存储问题对我国生态环境的可持续发展能力、经济增长和交通发展的可持续性都造成不良的影响。尤其是交通的发展，对土地和能源的依赖程度很高，这一矛盾将制约我国交通运输业的发展。

要想解决交通拥堵问题，城市交通基础设施的改良需要用到更多的土地。可是，我国各大城市采取的是高密度土地使用方式，这也使我国道路建设的改良扩展受到了局限。我国人均耕地面积很少,2005年我国人均耕地面积为800平方米，沿海省份人均耕地面积更少，福建省仅为380平方米，广东省仅为346.7平方米，江苏省仅为633平方米。很明显，我国的国情是人口数量众多，在城市交通的整改方案中不可能采取北美城市的相应办法。我国的很多城市最开始解决交通拥堵问题的方法是不断修筑公路，不断扩展城市范围，可是这种做法非但没有解决交通拥堵问题，还造成土地资源的浪费，最终实现的效果并不明显。

（三）城市道路交通拥堵成为引发我国城市环境污染的重要因素

城市交通拥堵不仅消耗了能源，浪费了驾驶者的时间，还造成了严重的环境污染问题。表 1–1 显示了车辆在驾驶周期中不同阶段引起的空气污染状况。

表 1–1　驾驶周期中不同阶段引起的空气污染

机 型	污染物	废物成分（每百万的含量）			
		空 转	加 速	慢 行	减 速
柴油机	一氧化碳	69 000	29 000	27 000	39 000
	烃	5 300	1 600	1 000	10 000
	氧化氮	30	1 020	650	20
	乙醛	30	20	10	290
汽油机	一氧化碳	微量	1 000	微量	微量
	烃	400	200	100	300
	氧化氮	60	350	240	30
	乙醛	10	20	10	30

　　从表 1–1 可以看出，低行驶速度的车辆会排放出更多的环境污染物，因此交通拥堵会加剧城市环境的恶化。噪声与尾气是主要的两项污染源。欧洲发达国家由于交通拥堵每年会花费 50 ～ 500 亿欧元治理环境。在世界十大污染城市中，我国就占了 4 个，分别是北京、上海、广州、沈阳。北京市汽车排放的一氧化碳、碳氢化合物、氮氧化物已占总排放的 40% ～ 75%；广州市在与交通有关的污染气体排放中，一氧化碳占总排放量的 87%，二氧化氮占总排放量的 67%；上海市机动车一氧化碳的排放比例在 1996 年就高达 61%。如果要真正改善空气环境，那么在汽车尾气处理这方面就要投入国民生产总值的 0.3% ～ 0.7%。我国各大城市机动车的密度和世界大城市相比虽然较低，但是机动车产生的噪声污染还是非常严重的。因为维护不当、技术水平较低、能源替代品开发不力等因素，我国汽车尾气污染与噪声污染都高于国外。

　　随着我国经济的不断发展，人民的生活水平逐步提高，人们追求出行舒适性、快捷性的要求将促进私人小汽车拥有量的进一步增加。但是，我国城市人口数量成倍增多，交通拥堵问题也变得越来越严重，并且成为一个限制经济发展和现代化水平提升的重要因素，由此引发的一系列环保问题更是日益明显。

第二章　城市交通管理的方法与理论

第一节　城市交通管理与交通控制

一、交通管理与交通控制的目的和意义

在社会经济和科技进步的推动下，交通科技得到了快速发展，交通管理和控制的目的也在发生着改变。一开始的目的是满足最基本的交通要求 —— 保障交通安全。随后，由于车辆数量的增加，道路上出现了车辆拥堵的现象，此时要求交通管理与控制在保障交通安全的基础上，还需达到疏导交通和确保交通畅通的目标。最近几年，交通安全、环境污染以及交通拥堵等问题愈发严重，迫使交通管理与控制寻求解决交通问题的新思路与新方法。交通管理与控制的目的主要体现在下述几个方面。

（一）减少交通事故，增加交通安全

从第一辆汽车被发明出来，全球约有 4 亿人死于交通事故，比第二次世界大战的死亡人数总数还要多。20 世纪 80 年代后，交通事故每年会造成大约 50 万人死亡，1 000 多万人受伤。有权威组织指出，交通事故总有一天会超越心脏病、白血病等，成为人类死亡的重要原因之一。因此，减少交通事故、提高行车安全刻不容缓。实践表明，科学合理的交通管理与控制能在很大程度上减少交通事故的发生。特别是对于交通事故的多发位置 —— 平面交叉口，交通管理与控制发挥着至关重要的作用。

（二）缓解交通拥堵，提高运行效率

交通拥堵问题并不是我国特有的问题，这是一个全世界都关注的难题。20 世纪 70 年代，英国一个研究机构发现，在英国一个大约具有 100 个交叉口的城市内，每年由于车辆延误造成的经济损失就达 400 万英镑；在东京，通过 260

多个主要交叉口的低效交通流引起的年经济损失约为 2 亿美元。交通拥堵已成为制约城市经济发展的一个重要因素。值得庆幸的是，交通管理与控制为缓解城市交通拥堵，提高通行效率提供了一条有益途径。美国、日本、德国、英国等国家统计发现，仅对城市交叉口进行合理的交通信号控制就可以将车辆平均延误时间减少 15% ~ 40%，提高道路通行能力 20% 左右，而采用一些先进的优化组织管理方法则能更为有效地解决城市交通拥堵问题。

（三）节约能源消耗，降低车辆对环境的污染

汽车的每一次加速和减速都会使燃油出现快速消耗。据统计，假设一辆小轿车在 7 千米小时的速度区间内加速和减速 1 000 次，那么行驶同样的路程要比匀速行驶多耗费 60 多升的燃油，如果将小轿车替换成大货车，那么需多耗费 84 升的燃油。汽车在刹车和提速的过程中，还会排放一氧化碳、碳氢化合物、氮氧化合物等废气污染物，造成大气污染，严重影响自然环境。此外，交通还将带来严重的噪声污染。据统计，世界发达国家中大约有 15% 的人们居住在 65 分贝以上的噪声环境里。除去改善道路结构、改造汽车驱动方式等可以在一定程度上解决交通带来的能源与环境问题以外，加强交通管理与优化交通控制也是解决问题的有效办法。例如，通过采取限制车速、车型等交通管理手段，可以有效降低城市的大气污染与噪声污染，通过合理的信号控制可以在很大程度上减少车辆在交叉口的停车与延误。

目前，我国的交通与发达国家的交通相比存在很大区别，我国是行人、自行车和机动车并存的混合交通，整体交通状况具有混合、低速的特点，安全性差、通行效率低、交通污染严重等交通问题表现得尤为突出。因此，要结合我国交通自身的特点，找到适合我国国情的交通管理与控制方案，有效解决我国特殊的交通问题。

二、交通管理与控制的主要内容

对于日益突出的交通问题，迫切需要交通工程学等学科研究提出解决这些问题的理论、措施与方法。产生交通问题的深层次原因是交通需求与供给的不平衡，还有交通运行状态的不稳定。从交通工程学的基本原理解决上述问题，重点是通过降低道路交通负荷，使交通设施服务能力适应交通需求的增长和变化规律，主要包括以下 3 个方面。

（一）道路交通基础设施建设

通过新增或改建交通基础设施提升交通供给容量，达到降低交通承载量的目的。将道路的基础设施进行改建缓解交通压力一直都是交通运输管理部门首选的措施，也是交通规划相关课程研究的重点。但是，道路交通基础设施建设往往投资巨大（如新建城市干道需投入 0.5 ～ 1.0 亿元 / 千米，修建地铁需花费 4.0 亿～ 8.0 亿元 / 千米），建设周期很长。而且，相对交通需求的动态变化而言，基础设施基本建设完善后相对稳定，通过再建设施所能够增加的网络运输效率相对降低，并可能会刺激潜在交通需求的进一步增加。

（二）交通管理与控制

作为交通工程学的重要分支，交通管理与控制的侧重点是结合交通需求的变化规律，在最小化改变既有交通基础设施条件下，通过交通法规或行政管理、工程技术管理、交通信号控制技术等方面的综合技术应用，实现交通系统的安全、有序、通畅和可持续发展。其主要途径包括：① 通过削减交通需求总量、优化交通出行方式和结构等措施提高交通需求的合理性，减少交通流量（特别是个体机动车交通流量）；② 通过对交通系统的运行组织、引导和控制，实现交通流在时间、空间上的合理分配，平衡交通压力，使交通资源可以被有效利用。

（三）交通设计

把交通便利、效率、安全和生态环境的平衡发展作为首要目标，改良现有交通系统，重新规划交通基础设施。交通设计是交通管理和交通控制的关键步骤，设计方案的具体实施要依靠交通设计。

在现代交通工程学的理念中，交通管理与控制对交通设计具有积极的相互反馈作用，微观意义上的交通管理与宏观角度上的交通规划之间的相互渗透、融会贯通是发展的必然趋势。

三、交通管理与控制的基本原则

交通管理与控制要根据路网的交通状况，从宏观角度出发，利用现有的道路条件，运用交通工程学和现代科学方法，合理规划和安排道路的使用和交通流的分配，达到提高道路通行能力，减少交通拥堵，降低交通事故的目的。在实施交通控制与交通管理的过程中，需要严格遵循以下 4 个原则。

（一）交通分离原则

交通分离指的是使用交通管理的科学方式，将多种交通形式进行空间和时间上的分离，进而实现各类交通工具互不影响的目标。交通分离具有空间分离和时间分离两种形式。时间分离指的是在同一道路空间，交通工具在不同的时间进行通行，从而使道路上的干扰和影响减少。通过将信号相位进行更替和划分可以实现时间分离。空间分离是指各种不同的交通形态，在不相同的交通空间或在相同的交通空间，采取相应的管理手段或者工程设计实现分离，目的也是使道路上的干扰和影响减少，确保交通的顺畅与安全。空间分离靠交通渠化来实现。例如，使用专用车道与专用相位可以实现左转车辆、直行车辆、右转车辆之间的交通分离；使用人行道、非机动车道与机动车道可以实现行人、非机动车、机动车之间的交通分离。

（二）交通连续原则

交通连续指的是交通工具与道路工程之间存在着相互关系。要维持住交通的连续性和通畅性，从而使各个交通参与者在交通活动中尽可能地迅速、便利、经济。使用各种交通工具、交通组织与交通设施可以有效实现连续的交通流。例如，道路上的车行道直接和十字路口的直行车道对接，可以使直行的车辆不用转向；路口的进口车道和出口车道相互对应，可以确保车辆的连续性；在干道进行绿波协调信号控制设计，可以保证车流通过整条道路时间上的连续性。另外，修建自行车、公交、地铁、公路客运与铁路之间的换乘枢纽也是保证交通连续的有效措施之一。

（三）交通流量均分原则

交通流量均分原则指的是采用一些手段，将车流量科学有效地进行疏通，从而实现交通流在空间与时间上的均衡分布，也就是我们常说的交通分流。交通流量的均分可以使各个交通要道的压力得到缓解，不会形成因为某一处的交通压力过大而形成交通堵塞。其实，均分原则就是把堵塞十字路口、堵塞路段上的一些交通压力转移到那些非堵塞的十字路口和非堵塞的路段上，将一天中拥堵时段的一部分交通压力转移到非拥堵时段。例如，使用方向性变向交通可以使车流量方向性分布不均匀现象得以缓解，从而提高道路的利用率；使用非方向性变向交通对缓解各种不同类型的交通在时间分布上的不均匀性矛盾有较好的效果。

（四）交通总量削减原则

交通总量消减原则指的是在保证交通参与者的合法交通权利的前提下，使用多种手段，减少交通参与者的数量或者减少交通参与者抢占交通道路的面积和时间。当一个道路网络的承载量到达临界状态时，已没有交通压力转移的余地，可以使用限制某一类或者某些类车辆类型上路缓解交通堵塞的现象，当然也可以调整供给和需求的平衡关系减轻交通网络的压力，或是采取划分道路和划分交通流的方法重新规划交通流量。在各种交通总量削减的措施中，最为有效的还是提高公共运输系统的吸引力和效率、大力发展公共交通。

此外，在进行交通管理和控制设计的时候还有几点需要注意。一是要换位思考。针对某些交通结构的规划，尤其是禁左、单行这些限制措施在实施之前，规划者要从限制对象的角度考虑时间和空间的转移特性，充分了解限制措施和缓解交通压力之间的关系。二是要以人为本。交通管制的目的不应该是便于管理，应该以方便大多数人出行为标准。对于由机动车、行人和非机动车组成的混合交通流，交通管理不能仅便利机动车，还应该考虑其他群体的特征，在尽量照顾非机动车与行人的前提下进行城市交通的综合治理。三是通行能力合理配置。以一条道路上通行能力最小的交叉口为基准，合理配置相邻交叉口的通行能力，既要保证不出现"瓶颈效应"，又要尽可能地提高整条道路的通行效率。

第二节　城市交通管理的实践分析

一、基于城市建设的管理

缓解交通压力的方法之一就是合理规划城市建设，这个方法也是一开始人们想到的用来解决交通拥堵的方法。当然这也是最直观最有效的方法。

一般情况下，合理规划城市建设是可以解决路网规划不合理、城市规划不合要求、停车场数量不足以及道路等级不够等问题的。这些解决方式包括增加路网密度、扩展道路宽度、增加停车场数量、建设高架桥等。这些具体的措施可以有效缓解城市交通拥堵问题。可是，在某些特定的情况下，这些方法是实现不了的。例如，很多城市已经形成的路网并不合理，但由于古建筑保护等特殊原因不能进行整体的改造，只能进行局部的微调，这样就不适合布置公共交通线路，不利于城市交通的发展。

有专家提出，提升交通基础设施的使用效率对减轻交通压力有着明显的作用。从现在的城市规划来看，不少的城市道路都被圈了起来，从而造成交通用地的浪费。一些道路资源被强占，不能发挥出应有的作用。如果城市中的一些的闲置用地能够腾出用来缓解交通拥堵，那么整个城市的交通管理效率将会大大提升。但这是一种理想中的方案，并不能付诸现实。所以，只能利用提升道路的管理水平解决交通压力过大的问题。制定相关的交通管理规划是提升管理水平的一个关键手段，可是交通管理规划的内容、范围和原则等国内还没有统一的技术规范。很多城市都是摸着石头过河，探索出来的管理规范不具备连续性和前瞻性。造成这种结果的原因就是人们在设计规范时，没有对交通管理的原则、层次、目的、范围有一个清晰的认识，使整体规划不精准。所以，城市交通管理部门要在交通管理规划中总揽全局，这样才能针对相应的问题制定出最合理的方案和规划。

（一）确定城市道路交通管理规划的目的

城市用地规划、城市总体规划以及城市的交通规划构成了交通管理规划的基础，交通管理规划的目的是平衡、协调人们对城市交通的需求，给人们出行与货物运输带来更便捷、合理的交通服务，从而给整个城市的发展带来更大的动力。进行交通管理的设计和规划，需要将以下三点作为目标。

（1）要清楚地了解城市交通管理的发展方向，从现在做好打算，有一个长久的规划。

（2）要确保城市交通的新规划符合预期的效果，充分利用好各类道路的功能，并且要平衡好管理者、道路和交通流的关系。通过不断完善交通管理的技术和制度规范提升管理水平，构建一个秩序良好、安全畅通的交通体系。

（3）要将城市土地规划、城市交通规划以及城市总体规划作为整个规划的基础，充分了解交通管理中涉及的各个要素，全面认识城市交通问题演变的内在规律，预测未来可能出现的城市交通问题，通过充分挖掘道路交通基础设施容量潜力，合理引导和控制交通需求，缓解城市交通拥堵局面。

（二）明确城市道路交通管理规划的原则

1. 立足当前、规划长远的原则

规划必须从城市的需求发展和交通供给两方面着手，以现有道路网、道路条件为前提，从宏观和微观、定性和定量上分析当前存在的问题，处理好道路、交通流客、货运和交通管理的关系。同时，交通管理规划应与城市总体规划和交通规划相适应，明确交通管理的发展方向，满足它们对交通管理的要求。规划的具体目标要做到远期可行，近期可操作。

2. 坚持"以人为本"的原则

城市交通规划一定要遵循以人为本的原则，提升城市的竞争力，从而在城市交通管理上积极推动交通结构的调整，实现与城市的经济发展相一致的、有序、安全、和谐的交通环境，进而满足人们对城市交通环境的更高需求。

3. 综合治理、标本兼治的原则

城市交通规划要意识到交通管理是一种政府行政行为，交通管理要以软件为主，硬件为辅，满足科学化、智能化交通管理的需求。

4. 交通管理设施和交通装备适度满足需要的原则

交通管理规划要适应交通设施和装备，并且要满足城市发展的各项要求。必要的设施和装备是提升交通管理水平的关键。

5. 滚动发展，不断完善的原则

城市交通管理需要面对的是变化多样、复杂多变的城市环境，交通管理规划必须滚动地实施，每两年就要重新修订一次，近期制定的规划可以在全年规划的基础上进行微调。滚动的交通管理规划是指交通管理规划随着时间的变化不断做出调整，即实现了"近期"目标后，要将"中期、远期、更远期"目标适时调整为"近期、中期、远期"目标，同时由于交通的不确定性，交通管理规划的目标也要做一定的修正。

（三）城市交通管理规划的层次

根据城市交通规划、社会经济发展规划以及城市的总体规划，参考交通管理的性质和特性，交通管理规划可以分成三个不同的层次，每个层次的效果都是不同的，层次越高，其规划效果越好。

1. 城市交通管理战略规划

交通管理的战略规划的期限是一年，主要内容为确定城市的交通管理发展目标和水平，确定城市远期交通方式、结构、总量及控制策略，先进管理技术的引进或应用，交通诱导、智能交通系统的建设，等等。

2. 城市交通综合管理规划

可以从两个层面进行综合管理规划，一个层面是近期管理规划，这个规划的期限是 1 ～ 3 年。另一个层面是中长期管理规划，这个规划的期限是 1 ～ 10 年。在进行综合管理规划时，要从城市交通秩序保障体系、需求管理规划以及系统管理规划这三个方面进行方案设计。

3. 城市交通专项管理规划

对于影响长远、需要投入大量资金的交通工程还应该进行专门的规划设计，规划期限是 1 ～ 10 年。

（四）城市交通管理规划的范围

考虑到发生城市交通拥堵的各项影响因素，城市交通管理战略规划的范围为城市规划区，即城市市区、近郊区以及城市行政区域内因城市建设和发展需要进行规划控制的区域，城市综合交通管理规划的范围为城市建成区或中心区城市，交通专项管理规划的范围为专项管理涉及地点及周边受影响的交叉路口和路段。

考虑到各项交通管理工作的性质，不管涉及哪个层次的规划设计，都需要在一定期限内按照实际进行重新规划和设计。

（五）城市道路交通管理规划的工作程序

整个交通系统是一个大的开放的系统，涵盖面积之广，参与部门之多都是难以想象的。交通管理规划的制定和实施需要各级部门和人员的监督、协调、检查，没有哪一个人或单一的部门可以完成。因此，制定城市交通管理规划必须由总揽全局，具有相对稳定性和权威性的领导机构和工作机构负责实施。领导机构是在政府领导下，由政府有关部门及部分社会知名人士、专家组成。工作机构则根据城市交通管理的具体特点组建，由两方面人员组成：一是由有关的专业科研单位技术人员及相关技术人员组成的专门工作机构，具体负责开展首次城市交通管理规划工作；二是由公安交通管理部门有关人员组成的常设工作机构，特别是在首次城市交通管理规划工作完成后，常设工作机构要根据规划的总体目标，结合平时的工作内容对交通管理规划进行调整优化，制定相应的年度交通管理计划和决策方案，保证交通管理规划实施的连续性。

交通管理规划的标准、措施、规定以及相关政策的制定是一项很严谨的工作，因此一定要遵循相关的程序与原则，根据相关的标准、规定、规范以及政策，召集相关领域的学者和专家进行研讨，集思广益，科学制定。对于将要出台的标准、规定、规范以及政策，应该采取试行的办法，在一定的时间与范围内，根据反馈的信息，补充、修改、调整后正式出台，从而减少交通管理规划的随意性，增加科学性。

二、基于交通法规的管理

解决交通拥堵的手段之一就是遵守相关的交通法律法规。通常，可以采取单行线限制、单双号限行以及设置公交车专用车道等方式疏解交通拥堵。当前，法律法规的应用已得到了人们的普遍认可。每个城市都根据自身的实际情况制定了相应的法规和办法。以北京为例，在2008年奥运会期间，单双号限行以及奥运专线的设置都发挥了重大的作用。可是，也有一些交通管理办法没有起到当初设想的作用，如上海交警使用遥控系统根据车流情况改变红绿灯以及相关指示牌，这种办法只在局部区域内实行，并没有缓解其他区域的交通情况，甚至加重了其他区域的交通压力，这是不利于城市交通的发展的。

改革开放以来，我国经济迅速发展，城市交通拥堵越来越严重，道路安全也越来越引起人们的重视。为了保证城市交通的畅通、安全以及有序，我国设立了很多专门的交通法规，各个地方政府也根据本地的实际情况制定了地方性法规、政策。一些专业研究机构指出，交通管理在法律法规的领域存在着多方面、多层次的冲突，上位制度与下位制度、区域制度与区域制度之间也存在不小的矛盾，具体情况分析如下：

（一）道路交通管理立法概况

交通管理需要在行之有效的法律法规之下才进行，才能够确保城市道路的安全。我国历来注意运用法律法规管理交通，进而建立了一系列的交通管理规范，如1955年的《城市交通规则》、1960年的《公路交通规则》等。1986年，我国开始重视交通管理体制的改革，对交通管理的立法更是进入了快车道，接连颁布了《道路交通事故处理办法》等重要的交通法规。21世纪，我国经济高速发展，原本设立的相关法律条例已不能满足实际的需要。2003年10月28日，备受人们关注的《中华人民共和国道路交通安全法》获得通过，并自2004年5月1日起实施。各级政府和公安部门也接连出台相关法律、法规和条例文件，目的就是引领我国交通管理逐渐步入法制轨道。

根据不同的要求和标准，我国交通安全的法律体系可分成以下几种。

1. 以调整对象为分类标准的道路交通安全法律体系

（1）我国道路交通管理的综合性规定。2004年5月1日，我国开始实施《中华人民共和国道路交通安全法》，它共分总则、车辆和驾驶人、道路通行条件、道路通行规定、交通事故处理、执法监督、法律责任、附则八章，内容包括了道路交通管理的人、车、路三大要素和通行规则、执法规定和法律责任三大内容。

（2）车辆和驾驶人的规定。例如，《机动车驾驶证申领和使用规定》《机动车登记规定》等。

（3）道路通行条件规定。一些法律法规也对这一点提出了要求，如《中华人民共和国公路法》《城市道路管理条例》等。

（4）执行规定。在这方面的法律法规有很多，如《交通事故处理程序规定》《道路交通安全违法行为处理程序规定》等。

（5）道路交通安全管理的标准和技术规范。例如，《公安部关于交通事故死亡率计算方法的通知》等。

2. 以法律位阶为分类标准的道路交通安全法律体系

（1）道路交通安全管理的法律。我国对这方面的法律十分重视，制定了《中华人民共和国道路交通安全法》，它是由全国人民代表大会制定并通过的。此外，《中华人民共和国公路法》等这些与驾驶安全方面有关的法律也有很多，都提到了路上应该注意的事项。

（2）道路交通安全管理的行政法规。我国很重视这方面的规定，制定并且颁行了一系列行政法规，主要有《中华人民共和国道路交通安全法实施条例》《报废机动车回收管理办法》等。

（3）道路交通安全管理的行政规章。由公安部、交通运输部、农业部等发布实施，包括《中华人民共和国机动车驾驶证管理办法》《机动车登记规定》《机动车号牌生产管理办法》《临时入境机动车和驾驶人管理规定》《道路交通安全违法行为处理程序规定》《道路交通事故处理程序规定》《拖拉机驾驶培训管理办法》等。

（4）道路交通安全管理的地方性法规和规章。由各省、自治区、直辖市结合本地实际，根据《中华人民共和国道路交通安全法》《中华人民共和国道路交通安全法实施条例》制定，如《浙江省实施中华人民共和国道路交通安全法办法》。

（5）道路交通的有关方面的一些规范性的文件。由有关行政管理部门制定发布的具有约束力的规定，如公安部交通管理局制定的《机动车驾驶人考试员资格管理办法》《公安部关于贯彻执行〈剧毒化学品购买和公路运输许可证件管理办法〉有关问题的通知》等。

（二）道路交通管理法规冲突主要表现形式

1.不同等级立法间的冲突

（1）行政法规、规章制度以及法律方面的冲突。例如，在《中华人民共和国道路交通安全法》中规定若没有过失就可以不用付保险，但《机动车交通事故责任强制保险条例》中则规定只要有过失就必须要付保险。这两者产生了矛盾。

（2）法律和地方性法规的冲突。例如，《中华人民共和国道路交通安全法》条文上提到的机动车获得牌照的前提与《上海市道路交通安全条例》中允许小汽车牌照可以按规定拍卖之间产生了冲突。

2.同一等级立法间的冲突

（1）法律之间的冲突。例如，《中华人民共和国道路交通安全法》中提到的不在现场的执法手段和《中华人民共和国行政处罚法》的原则问题有着很大的冲突。《中华人民共和国道路交通安全法》第114条规定："公安机关交通管理部门根据交通技术监控记录资料，可以对违法的机动车所有人或者管理人依法予以处罚。对能够确定驾驶人的，可以依照本法的规定依法予以处罚。"这就是我们平常所说的"电子警察"执法方式。它是一条并不在现场的法律依据的规定。但是，它和行政部门制定处罚的最基础的原则相违背。所谓基本原则，是指"可以作为法律规则的基础或本源的具有综合性、稳定性特点的原理和准则"，是法律的基础性真理或原理，为其他规则提供基础。交通安全违法行为处罚作为行政处罚的一种，理应遵守《中华人民共和国行政处罚法》的基本原则。

（2）长三角地方性立法之间的冲突。① 对机动车实行环保限入的冲突；②

机动车驾驶人违反道路交通安全法规的累计记分方面的冲突；③ 自行车是否需要登记方面的冲突；④ 机动车与非机动车或行人之间发生交通事故时，机动车负责任比例的冲突。。

（三）进一步加强立法的管理力度

1. 进一步完善立法程序

（1）有一定时间限制。在宣布立法时间期限的时候，全国人大及其常委会也应该清楚该立法权限行使的期限。设置使用时间权限的目的是让立法变得更加有效，可以真正做到在人民身上实施，同时为了防止与部分地区的法规产生歧义。因为有些地区为了管理方便，会自己先行制定规定。在制定法律并向下级地区发布实施时，要根据我国的国情，结合实际情况。在下发通知确定实施后，下层管理部门必须注重效率，在规定时间内完成立法。

（2）不可以连续授予权利。当国务院对某项法律设置权限时，全国人大及其常委会要明确指出，同时被指定的司法行政机关不可再对该项法律进行授权。根据《中华人民共和国立法法》，若该项法律已经被授予权利，那么被授予权力的机关不可再对其他司法机关进行职权的控制与掌管，但《中华人民共和国立法法》中并没有说明法律本身是否有权利授予司法职权，所以很容易发生法律连续授权的现象，造成立法权限不能真正地落入具有立法资格的主体手中。

2. 进一步完善法律的清理、编撰和修改制度

只有建立日常清理与专项清理相结合的规定，才能从真正意义上做好交通管理以及事后的处理工作，这样才使法律法规更加条理化和制度化。那么，什么是日常清理呢？它是指我们应该定期进行法律方面的管理，把它当成一项日常工作。专项清理是指以法的内容或形式为标准的一种法的清理。专项清理的好处是针对性强，有助于集中时间和力量解决某一方面或某一领域的问题，有助于以法的形式，在一定时期达到一定的目的。总之，在道路交通管理法规清理尚未走上正规化之途的情况下，专项清理与日常清理相结合应是清理的一个基本方法。

3. 提高立法的周全性

法律通常都是在一定社会条件下制定的，有很强的客观性，难免会存在很多不足。所以，在实施以及制定法律的时候，人们的想法可能会不太成熟，甚

至有很多遗漏的地方，而且有些法律会随着时代的发展变得过时。

（四）加强立法监督管理

1.建立相对应的立法管理监督机构

（1）立法审查监督机构自身发现。现行宪法规定的立法监督内容都是自上而下的单向型监督。因此，可考虑在全国人大下设一个专门机构——立法监督委员会，专门负责审议法律、行政法规、地方性法规、民族自治条例、单行条例之间是否有冲突、抵触，是否合宪合法，是否有效，同时协调好法律、法规、规章之间的关系，从而从总体上保障法律规范体系的和谐统一。

（2）公民、团体等提请审查。《中华人民共和国立法法》第90条第2款规定："前款规定以外的其他国家机关和社会团体、企业事业组织以及公民认为行政法规、地方性法规、自治条例和单行条例同宪法或者法律相抵触的，可以向全国人民代表大会常务委员会书面提出进行审查的建议，由常务委员会工作机构进行研究，必要时，送有关的委员会进行审查、提出意见。"在道路上行驶中，难免会产生摩擦和矛盾，如车牌号拍卖所产生的矛盾，都可以按照《中华人民共和国立法法》第90条的规定，通过上述形式提出审查建议。

（3）司法机关以司法建议的方式提请审查。有很多案件是不属于人民法院工作范围内的，在这种情况下，就需要司法机关帮助行使审判权，提出司法建议，继而解决。此时，司法机关需要向相关部门或者个人提出适当方法，以更好地开展工作，避免消极因素的影响。在解决矛盾和问题的时候，不同等级的司法机关都要积极地参与进来，然后提出意见和想法。

2.切实落实立法备案审查制度

法律的备案审查是将已经生效的法律上报法定的机关，使其知晓并在必要时备查的程序。备案不同于批准立法。批准立法是一种立法活动。备案本身只是立法程序的一个阶段，而不是立法本身。批准立法是将法律草案提交法定的机关审查批准，取得法律效力。备案是将法律提交法定的机关审查，看这已生效的法律是否与其高层级的法律相抵触。我国的宪法规定，地方性的法律法规必须向全国人大常委会和国务院备案。

首先，应正确认识备案审查制度。备案不只是上交法律，而是立档备查的一个手续，是立法必需的监督程序，是避免法律法规冲突的事后控制有效措施。其次，应制定有关备案审查制度方面的规范性文件，有关法律、法规、规章备案的统一规范备案行为。具体应包括下列内容：规定备案的原则、建立备案机关、明确其地位和权限、明确备案的具体程序、规定具体的处置措施等。最后，健全法律、法规、规章备案制度，还应强化机构。全国人大常委会应设专门机构负责法规备案工作，对报送备案的法规进行必要的审查，或受理有关的举报和控告，以使存在问题的法规被及早发现。法规备案制度可以与违宪审查制度结合起来，由法规备案机构发现有问题的法规，可提交立法监督机构，立法监督机构审查确认后，可告知该法规制定机关自行纠正，或依法报全国人大常委会予以撤销。国务院也应进一步健全法规，规章备案机构应有足够人力对备案的法规、规章及时审查。

（五）通过司法途径解决

就宪法和立法法的制度设计而言，虽然立法法规定"宪法具有最高的法律效力，一切法律、行政法规、地方性法规、自治条例和单行条例、规章都不得同宪法相抵触"，但是我国法院没有违宪审查权，不得将这种规定作为认定法律是否违宪的适用规则，因而也就根本不存在不适用违宪的法律的问题。但是，对于法律之下的法律渊源，法官在审判案件时可以按照其效力等级决定其适用问题，即行使选择适用权。对法律规范冲突的选择适用权是司法权的必要组成部分。法院能够直接确定的法律适用自然无须求助于制定机关，只有在确因法律规定本身的原因不能解决如何适用时，才有必要交由有权机关裁决。这种选择适用权属于法官对法律规范的"有思考的服从"，仍然属于法律的具体解释和适用的范畴，不是行使违宪审查权，根本不存在触动高压线的问题。倘若将其归入违宪审查，不但把违宪审查的门槛降低了，而且把法院的现实地位提高了。倘若认为法官无权确认和解决法律规范冲突，那也是与立法法的规定不符的。

实际上，审判机关在审理案件时，如果有一些规章和法律产生了矛盾，那么要选择法律。法官认定和处理法律冲突时决不能具有随意性。首先，选择适用权仅限于能够依据法律适用规则直接决定取舍的法律规范冲突，对于不能确定如何适用的法律规范冲突，只能诉诸裁决机制或者提请有权机关审查决定的程序。其次，对于下位法与上位法，应当尽量按照法律解释规则，实在不能做出一致的解释时，再认定相抵触问题。这是一项重要的解释规则。

（六）通过守法途径解决

守法不是主体被动地遵守法律的消极状态，更不是作为违法的对应面而被推定的一种可能或隐形的状态，而是主体在个体和社会的互动博弈过程中，基于理智的成本分析和选择的积极行为状态。它不是将法律依据当成亦步亦趋的机械行为，而是依据法律设置的权利义务空间所表现出来的一种充满个性活力和创造性的积极行为。从行为过程看，守法是行为主体对法律要求在主观上的自觉或不自觉的意识，并在法律要求与自我判断之间，以利益为核心进行成本分析并做出行为选择，产生具有积极意义的法律结果。个体守法状态是由个体如何运用法律实现利益的方法和程度来衡量的，其中包括权利的运用程度、义务的履行程度和寻求救济方法的充分程度。为此，守法主体通过诉讼途径解决冲突无疑是守法的具体表现。

（七）区域道路交通管理法规冲突的解决

1.通过区域立法协调解决

各立法机关之间必须有一定的交流，建立有效的信息沟通和立法机制，及时发现并消除区域间道路交通管理法规方面的冲突。

2.通过选择适用解决

通过立法协调机制可以大大减少道路交通管理法规方面的冲突和矛盾，但是减少并不意味着彻底消除，这是一个漫长的治理过程。面对这些冲突和矛盾，道路交通管理部门要细心、耐心地一个一个解决，做出正确的选择。依据法学理论概括出法律选择的常用规则，一是可以指导道路交通管理部门和人民法院准确、高效地从相互冲突的法律规范中选择出行政和审判的法律依据；二是可以帮助守法主体预见自己行为的法律后果，从而减少决策成本和交易风险，增加法律上的安全感。但遗憾的是，简便易行的解决非法冲突的选择规则还很少。在发生区域道路交通管理法规冲突时，一般而言，主要是以下三方面的选择适用规则：

（1）涉及道路交通管理动态性违法的认定及处罚的主要是指违反道路通行规则的行为，适用行为地的法律法规。违法行为涉及多个行政区域的，适用与行为最密切相关地区的法律法规。

（2）涉及道路交通管理静态性违法的认定及处罚主要是违反驾驶证、机动车管理等方面的行为，适用驾驶证、机动车注册地的法律法规。

（3）在管辖、执法或者司法程序方面，各地区有不同规定的，行政机关和人民法院应选择适用行政机关和法院所在地的法律法规。

三、基于特殊措施的管理

在生活中难免会出现很多特殊情况，对这些特殊情况的管理方法也有很多。常见的解决交通拥堵的手段主要包括科技手段、经济手段等。在道路上有很多信号灯，还有很多信息导向盘来帮助人们进行道路查询，当找不到路或者迷路的时候，可以根据道路上的信息指示牌或者交通电台的实时广播来解决问题，在通过路口的时候，红绿灯也是人们必须注意的。这些属于科技手段，另外，经济手段包括增加市区停车场停车费用、加收拥堵费用等。但是，此种手段只可作为辅助手段用，不能从根本上缓解交通拥堵的现象。

第三节 城市交通管制的相关理论解析

一、点、线、面控制理论

（一）交通点控制方式：基于点层次的干线公路交通运行状态提高和完善的方法

以十字路口、互通式立交以及收费站为主要研究对象，分析各节点对应的交通运行状态改善措施。

1.交叉口交通运行状态改善措施分析

交叉路口很容易发生拥挤，如果信号灯指示混乱，会导致排队过长。所以，对这种路段应该进行优化设计。

（1）交叉口放行方法。在一些十字路口，交通拥堵现象十分严重，应采用一定的模式考虑对非机动车的放行问题。放行模式有以下五种。

第一种：空间分离放行法。可以利用道路上的空闲地，让机动车与非机动车共享一个相位通过交叉口，并不设置专门的非机动车相位，这适用那些十字路口面积大且非机动车流量大的交叉口。

第二种：时空分离放行法。这种模式是指从时间、空间两个角度设计非机动车的放行方法，具体是指在交叉口中间划定一片区域为禁止非机动车驶入区，左转非机动车必须在此区域外等待直行机动车先行，其实就是延长了左转非机动车的行驶距离，将其到达冲突点的时间延后，减少左转非机动车对直行机动车运行的不良影响。

第三种：时间分离放行法。时间分离法主要是对红绿灯的控制和调整，这适用于非机动车交通量较小的交叉路口。

第四种：通行能力匹配放行法。这是一种新型的放行模式，根据交叉口各进口道、出口道通行能力相匹配的原则，如果交叉口进口道的通行能力明显大于出口道的通行能力，则可以采取各种方法减少直行车道数。常用的方法有设置掉头车道，增加左转、右转、对向车道，加宽非机动车及行人车道，划定禁行区，等等。

第五种：综合放行法。综合放行法即根据交叉口的实际条件进行管理。例如，通过观察路口的大小、几何形状等，结合上述提到的几种方法优化交叉口的运行。

（2）信号设计优化。几乎所有交通道路上的冲突都发生在交叉路口，因为交叉口车流量比较大，不容易观察。在这种情况下，要做好信号交叉口的信号设计，这对改善交叉口交通运行状态来说是非常重要的。其设计内容主要包括信号控制方案选择、信号相位方案设计以及信号配时方案设计。

① 信号控制方案选择。信号控制有车辆感应式控制、智能控制、定时控制等可选择方案。

a. 感应式控制。感应式控制是指智能化信号控制机根据交叉口检测器提供的交通流量信息而随时改变信号灯色，并没有固定的周期和绿信比。比如，在直行过程中，如果车流量和密度都很大，那可以适当加长对应相位的绿灯时间或者缩短绿灯间隔时间，这种方法适用于交通量大且不规则的交叉口。

b. 智能控制。智能控制有模糊控制和神经网络两种控制方式。模糊控制是建立在将人类的常识、经验等用语言表达出来的基础上的，能模拟有经验的交警指挥交通时的思维，推理并判断交通状况，并运用在信号控制上；神经网络控制则是建立在人脑某些结构机理和知识经验的基础上的，具有学习能力。

c. 定时控制。按照交叉口事先确定的控制参数，包括周期、相位、绿信比等，进行信号控制，有单段式控制（只有一个固定的配时方案）和多段式控制（按一天内不同的交通需求采用几个不同的配时方案）两种。它是我国道路系统应用较广泛的基本信号控制方式。

② 信号相位方案设计。信号相位分为两相位和多相位两种。两相位的信号方案简单，应用范围较广，适用性较强；多相位的信号设计要根据交叉口的放行法、交叉口各到达流向的平衡性、渠化条件等来决定。

根据交叉口的放行方法，时间分离放行法至少要对应三个相位，空间分离放行法可按照常规四相位设置；根据交叉口各到达流向的平衡性，若存在流量不均衡的情况，可以通过设置相位组合、各方向轮放等方式来平衡交叉口内交通流量；根据渠化条件，路面上划定有专用左车道的情况才可设置专用左转相位。

此外，还要确定信号相序，这大多出现在多相位中，一般不会出现在双相位中。多相位的信号控制要以交叉口内车辆运行有序化、空闲时间最少为准则来设计其相序。

（3）交叉口渠化。此类问题主要出现在车辆来自不同的方向且流量不均匀的路口。针对这种现象，我们在制定方案可以采取各种空间分离措施，以便让不同方向、不同速度的车辆按照渠化所施划的车道有秩序地通过路口。

关于某些地方出现的交叉口渠化问题，应该适当拓宽交叉口增加进口导向车道和出口车道，使进出口道与其衔接路段的通行能力相匹配；应该在车道渠化上做到寸土必争，交叉口内不能出现闲置面积；应该完善交叉口内渠化标志标线，使道路使用者能够有足够的反应时间。常用的渠化方法有交叉口拓宽、车道划定、交通岛、隔离墩、标志标线等。

2.互通式立交交通运行状态改善措施分析

要改善互通式立交交通运行状态，必须对其交通组织进行研究建立一个能够有效解决交通拥堵问题，可以使车辆稳定通过路口的交通体系。根据以往的经验来看，出现交通拥挤或者交通事故的多发地通常是在立交桥与道路的分界处，所以在制定解决方案时，要重点考虑这些地方，这样才能最大限度地缓解交通问题，减少交通事故。

（1）匝道交通运行状态改善措施。采取合理的匝道控制策略可以控制匝道出入口的交通状况，在很大程度上保证行驶者的安全。具体的匝道控制策略如下：第一，控制汇入互通式立交主线的交通流量，缓解匝道出入口车流汇入或者分离对主线交通的影响，使主线交通避免陷入拥挤状态；第二，调节匝道出入口汇入或分离主线的不均匀交通流，使匝道车流均匀稳定地与主线交接，减少或者消除匝道分、合流区交通拥挤的发生，确保主线、匝道和被交路之间实现高效的交通转移；第三，由于匝道车流与主线车流的车速差值较大，所以匝道分、合流区的交通冲突现象较严重，极易发生交通拥挤甚至交通事故。可对主线道路进行改造，拓宽出一条变速车道进行过渡。若拓宽车道有难度，可以在入口匝道处实行停车让行控制，即车辆驶入主线前，无论主线有无车辆都要在匝道道口处停车，确认主线道路有足够的可插入间隙后再驶入，这会对主线车流的影响降至最低。

（2）交织区交通运行状态改善措施。交织区长度与交织长度不同，车辆实际完成交织行为可利用的交织长度比交织区长度要小，交织区长度包含并影响着交织长度，两者成正比关系。而交织长度是驾驶员完成车辆换道过程的距离限制，是主线车辆与匝道车辆之间相互进行交织行为的空间容许范围，因此对交织区最重要的改善措施应该是延长交织区长度，使交织车辆进行交织行为有较大的空间范围，减少对主线、匝道的交通影响。

此外，还要优化交织区内的道路交通标线，如三角带的标志线、入口横线标线等。只有这样，才有助于驾驶员认清交织区驶入和驶出的安全交汇空间。

3.收费站交通运行状态改善措施分析

收费站作为高速公路的瓶颈点，如果交通拥挤的现象出现在这一区域，势必会对驾驶者的安全以及整个道路的交通秩序产生严重的影响。针对这一现象，可制定以下解决方案。

（1）扩建收费站。目前，收费站本身的通行能力已不能满足主线的交通需求，这就需要在了解收费站交通量的基础上，结合主线道路的车流方向、车速等，对收费站进行扩建。

（2）改造收费站。调整出入口车道：有些交通拥挤现象较严重的收费站经分析计算，发现其通行能力基本能满足交通需求，发生交通拥挤的原因在于双向通行效率差异明显，出入口划分不合理，这时只需调整收费出入口车道的设置，均衡出入口的通行能力即可满足要求。若该收费站存在高峰时段，可根据高峰时段的交通需求设置活动收费通道，以缓解特殊时段的交通压力。

设置 ETC 车道：ETC 车道指的是车辆在经过收费站时，可以不用停车而直接进行电子收费的车道。从现有数据来看，在某些收费站，ETC 车道在相同时间的车辆通入数目比普通车道的客流量高 5 ~ 10 倍。这说明 ETC 车道对改善交通拥堵问题有很大的帮助。我们可以适当地多建立 ETC 车道，以缓解在高峰时段车流量多而导致的交通秩序问题。ETC 车道通常设立在收费站的两侧，目的是避免车辆在驶入收费站前过多的交织行为。

（3）提高收费人员的服务质量。目前，缩短车辆通过收费站的时间仍然是一项需要解决的重要问题。现阶段，我国的一些高速公路收费站仍然以人工服务收取现金为主，这在一定程度上影响了收费站的服务效率，增加了车辆在收费站耗费的时间。因此缩短车辆通过收费站的时间是我们的当务之急，这有利于缓解交通拥堵。

（二）交通线控制方式：基于线层次的干线公路交通运行状态改善措施

1. 信号协调控制

干线路网中一条干线公路的交通状况如何直接影响着其所涉及的周边大片区域的交通运行状态。对一条干线公路中若干个交叉口实行联动控制，使行驶在这条道路上的车辆能够尽量少地遇到红灯，提高线层次干线公路的交通运行效率。

具体是指把干线公路上若干连续交叉口的交通信号通过一定的方式联结起来，同时对各交叉口设计一种相互协调的配时方案，各交叉口的信号灯按此协调方案联合运行，使车辆通过这些交叉口时不致经常遇上红灯，称为干道信号协调控制，也叫"绿波"信号控制，俗称"线控制"。

在干线公路信号协调控制系统中，各个交叉口信号的周期时长是一致的，因此要根据单点定时控制的信号配时方法，计算线路内各个交叉口各自的信号周期时长，以最大时长作为此条线路信号协调控制系统的周期市场，并将该交叉口作为关键交叉口，但各个交叉口可根据自身的条件确定绿信比。

2. 车速控制

常用的车速控制方式主要有以下几种：

（1）全线限速。全线限速是指对一整条道路实施统一限速。全线限速是公路运输安全中不可或缺以及最重要的一环。这是目前从我国实际情况出发，所采取的最广泛也是最有效的办法。

（2）特殊点段局部限速。这是我国目前普遍采用的另一种限速方法，通常搭配全线限速方法使用。这种方法对拥堵路段有很好的改善效果，具有法律效力，属于强制性的限速。

（3）分段限速。从字面意思理解，分段限速就是将整条路段分割成不同的小路段进行限速，因为每个路段都有其特定的特点，所以我们要根据各路段的实际情况制定最合理的限速方案，以最大限度地缓解交通拥堵。需要指出的是，我国在修建干线公路时，通常一整条路采用同一设计速度、同一技术等级，因此全线限速与特殊点段局部限速相结合的限速方法在实际运用中占主导地位，分段限速采用的不多，加之当前限速值的确定通常参照设计速度，使分段限速仅在一整条路的分路段采用不同的设计速度或技术等级时才有少量应用。

（4）分车道限速。分车道限速，顾名思义，就是针对不同的车道采取不同限速值的限速方法。限速标志通常采用门架式或借助跨线桥附着于桥梁上，车道上方正对的限速标志标明了该车道的限速值，也可采用在路面上施划文字标记的方式。

（5）分车型限速。分车型限速是指根据交通流运行特点、车辆运行安全、运营管理需要，对不同车型实施不同的限速值。

（6）分级限速。分级限速主要针对道路线形、构造物（如隧道、桥梁等）等对交通运行环境有较大突变影响的路段，在限速时考虑车辆机械性能和驾驶人的心理影响因素，实行提前预告限速、逐次分步限速，保证了限速的连续性。

3. 主线控制

（1）利用对向车道通行。其又称变向车道控制，目的是改变干线公路主线上不同方向上的通行能力，以适应高峰时或交通拥堵时某一方向的交通需求。

（2）主线调节控制。主线调节控制是根据主线交通需求和下游的通行能力，对干线公路控制路段的交通流实行速度限制的方法，使该路段能够保持或恢复期望的交通运行状态，以保障干线公路的安全运营。这种控制方式需要人员配合或较先进的设施来实现。

（3）车道变换控制。其一般分为强制性车道变换和任意性车道变换。强制性车道变换是指车辆为了完成其正常行驶目的而必须采取的车道变换行为；任意性车道变换是指车辆在遇到前方速度较慢的车辆时为了追求更快的车速、更自由的驾驶空间而发生的变换车道行为。此处车道变换控制指在特定路段禁止车辆进行超车，各车辆保持在当前所在的车道进行行驶，或者在道路的特定交通组织区段进行车辆等待变换车道的行为，以避免由于车辆车道变换导致车流不稳定状态。

4.大小制约

道路上行驶的车辆按其使用性质不同，可以分为客车和货车。客车可分为大、中、小三类，这是按照核定开载客人数加以区别的；货车可以分为特大型、重型、大型、中型、小型。

因为车辆的大小不同，所以在堵车的时候，会对道路交通产生不同的影响。参考国内外干线公路分流车型选取经验，分流车型方案可初步划分为两种类型：客车分流，保持货车通行；货车分流，保持客车通行。

客车分流时，分流车型主要包括小型客车、中型客车、大型客车。由于在干线公路车辆构成中，小客车所占比例较大，加之其机动灵活、行驶速度快等运行特性的影响，相较大中型客车而言，对分流影响大，且大中型客车为大容量交通，在一定程度上属于公共交通范畴，需持"公共交通优先"的观点，因此客车分流主要是指小型客车分流。

在货车时，分流车型主要包括小货车、中型货车、大货车以及特大型货车。由于大货及以上车型，轴载质量大，相较中小型货车而言，对路面的破坏大，加之其运行特性的影响，对分流影响大，因此货车分流主要是指大货及其以上车型分流的可行性与适宜性。

总体来说，线控制方式是统一协调交通路线上的各个控制点，优化交通运行线路，使车辆能够顺畅行驶，形成"绿波带"，即绿波交通。线控制虽然可以较好地解决特定线路的交通控制问题，但是仍然难以优化交通网络。其原因是线体系不具备网络体系的整体特性和功能。比如，两条相互交叉的"绿波带"很可能形成严重的相互干扰，而且多条线路的相互干扰问题是不可避免的。

（三）面控制方法：把线上升到面以进一步改善道路运营体系

1.区域信号协调控制

区域信号协调控制俗称面控制，就是在一定区域内用红绿灯控制车的通行。交通控制中心控制所有的红绿灯。如果区域较小，就整区集中控制，如果区域较大，就分区分级控制。

面控制的最终目的是让整个路网的整体运行效率达到最高，而不仅限于某个路口或者某些道路。因此，在信号配时的设计上要综合各交叉口的信号周期时长、绿信比、相邻交叉口之间的相位差，达到路网中所有行驶车辆所遇到的红灯概率最小、停车次数最少、出行时间最短、路网运行状态最优等目的。主要有定时式脱机操作系统、响应式联机 SCAT 系统等模式。

2. 交通诱导

交通诱导的主要策略是对路网交通流进行合理诱导分流，以实现路网交通流均衡分布。交通流的合理诱导问题理论上直接影响着驾驶人的路线选择行为，驾驶人的路线选择行为又会导致网络交通流的重新分配，影响网络性能，这是不合理交通现象的产生根源。只有对分配后的网络交通流进行合理引导和控制，才能实现交通流的合理诱导。因此，交通诱导策略的制定必须在路网交通流动态分配基础上考虑以下几点：

（1）根据道路交通条件、交通运行状态结果等因素，预测需交通疏导路段交通拥堵的指标。

（2）预测可诱导分流的路线交通流量以及不同管理目标下的合理分流交通量，并将合理的交通分流量通过各种交通诱导外场设施及时发布给道路参与者。

（3）要想更有效地缓解堵车现象，或者在堵车后快速地分流车辆，就必须对诱导后的交通分流量进行控制。

与此同时，交通诱导还包括以下几点：① 发布发生堵车现象的道路的实时情况；② 发布可替代路径信息；③ 发布重要节点的交通状态信息，这样有利于驾驶人提前、灵活地选择行驶路线，均衡路网交通流。

交通诱导在我国城市交通中有广泛的应用，也发挥了重要作用。

二、交通流理论及相关基础理论

（一）交通流理论

交通流主要是指车辆在道路上连续行驶时形成的车流。从广义上讲，交通流包括车流和人流。

一般可以用三个参数定量描述交通流。

（1）交通流量又称交通量，指在单位时间内通过道路的车辆数，单位为辆/小时或辆/天。

（2）交通流速度又称流速，表示车辆的流动快慢，单位为米/秒或千米/小时。

（3）交通流密度指用以表示交通流的疏密程度，即道路单位长度上的车辆数，单位用辆 / 千米表示。

交通流速度与交通流密度的乘积即为交通流量。在运行状况良好的情况下，交通参与者可以选择以较高速度行驶，这时，交通流可以算作一个整体，且速度较大。但是，此时交通流密度较小，所以交通流量也较小。随着外界因素的改变，道路上车辆逐渐增多，交通流密度也随之逐渐增大，这样车辆的运行速度会受到外界因素影响而有所下降，车流速度也会随之降低，但是交通流量在一定阶段会继续增加，直到达到某一临界条件，此时车流速度和密度的乘积将达到最大值，车流速度和密度将达到最佳值。如果道路上的运行车辆继续增加，密度持续增大，交通流的运行速度也会继续降低。此时，虽然车流密度较大，但是因为车流速度较小，所以车流量反而会发生下降的情况，直到密度达到最大值（这时车流密度称之为拥堵密度）时，即发生交通拥堵，致使车辆无法正常行驶，整个车流的速度也逐渐降低，直至趋近于零，而流量也无限趋近于零为止。

速度和密度的关系可以用直线表示，也可以用曲线表示。因此，车流流量和密度的关系各有不同的表达方式。20 世纪 30 年代初期，一些学者就试图从理论方面阐明交通流运行的规律。这样就引出了交通流理论这一概念，其是研究、分析道路上车辆和行人在运行中的规律，并研究车流流量、车流流速与密度三者之间的关系，通过对三者关系的分析研究，来减少交通拥堵的发生，提高城市道路交通相关设施的使用效率。

理论上讲，交通流理论以数学和力学等相关定律为基础。通常情况下，在交通规划与管理中，可以应用交通流理论科学分析道路和各种交通设施的使用效果，并根据不同的使用情况提出相应的改进措施。

（二）概率论的应用

概率论常用于研究城市交通中的车流计数分布、车速分布和间隔分布等。

（1）车流计数分布：在一定时间段内到达某地的车辆数的概率分布，又被称为到达分布。在发生交通拥堵或者车流量比较大时，到达分布情况属于广义泊松分布或二项分布；在不受外界因素干扰且车流密度较低的情况下，到达分布情况属于泊松分布；在车流受到周期性干扰时，到达分布情况属于负二项分布。

（2）车辆在道路上行驶时，所出现的不同车速的概率分布情况。

（3）间隔分布：车辆先后到达时，彼此车头之间相隔距离的概率分布。当到达分布情况属于泊松分布时，该间隔分布符合负指数分布；当到达分布情况属于广义泊松分布时，该间隔分布符合厄兰分布。

（三）排队论的应用

在交通领域，分析研究交通参与者发生排队拥挤现象的相关数学理论被称为排队论。具体主要研究等待的时间及排队长度的概率分布，应用排队论可以在交通设施设计和管理以及辅助缓堵方案制定等方面取得一定的作用。另外，也常采用排队论分析道路信号交叉口前车辆的排队现象，并根据道路交叉口车辆的具体延误情况，确定交叉口信号灯的配时方案，这一应用对城市交通系统的正常运行具有一定的管理及指导作用。

（四）车流波动理论

车流波动理论是研究城市交通系统的一个基础理论，对交通拥堵的治理具有重要的作用。其主要通过分析车流波的传播速度来分析、总结车流密度与流量同车速间的关系。在研究中，可以通过对车流波动理论的研究，总结车流速度、密度与流量之间的关系，以探寻最佳行车状态下车流的运行状况。

（五）跟车理论

跟车理论是一种微观的研究方法，主要研究道路上行驶的单个车辆之间的关系。它用到了数学中的一些方法，阐述了车在直线行驶时，由于无法超车而一直紧随其后的现象。

当车辆连续运行时，所有的车辆为了保障不出现意外状况会依据前面的车来变化自己车的速度，这种变化可以用以下公式表示：

后车车速变化 = 驾驶员反应灵敏度 × 前车车速变化

跟车理论常用于考察交通信号的自动控制等交通控制系统之中。

（六）绿波带理论

交通信号控制的实施可以有效地规范机动车在道路上的驾驶行为，但如果设计不得当，就会造成适得其反的效果，导致交通混乱，甚至交通拥堵。城市主干道作为贯穿城市核心区域的重要交通通道，其交通状况的好坏直接决定了整个城市核心区域的交通环境，而加设在主干道各交叉口上的交通信号便承担着这样的重任。当驾驶员行驶在主干道上时，如果频频遇到红灯，就会渐渐形成交通拥堵现象。为了避免这种情况的发生，交通信号协调控制（简称绿波带）

便应运而生。通过合理分配沿线各交叉口的配时，并统筹安排各自的绿信比及相位差，设置先进的高精尖设备，为各方向的车辆提供了安全有序的指引，使其能高效地通过交叉口，从而达到了缓解交通拥堵、降低事故率、提高道路通行能力的效果。

绿波带理论是指车辆在道路上行驶时，以预先计算好的车速运行，然后根据相应路线长度，改变交通信号灯配时，从而保证车流到达每个道路交叉口时均可以遇到绿灯，即在相应线路上不遇到红灯而连续行驶。换句话说，就是通过计算车辆通过某一路段的时间，然后对各个路口的红绿信号灯进行协调，使车辆在通过时能够连续获得绿灯的交通管理技术。

在中国，绿波带的设计时速为 30 千米 / 小时，但前提是车辆密度较低时才能发挥很好的效果。要充分发挥绿波带的作用，首先应对城市的道路网络进行分流，使两条主干道的车流量得到分流；其次通过对非机动车和行人进行综合的交通治理，提高车辆的行进速度，以使绿波带发挥良好的作用。具体来说，城市道路信号交叉口绿波控制一般指一条道路上若干个连续交通信号交叉口间的协调控制。目的是使行驶在道路上的车辆在不遇到红灯或者较少遇到红灯的情况下通过各交叉口。从被控制的主干道路各交叉口的灯色来看，绿灯就像波浪一样前行而形成了绿波，所以这种交通信号协调控制方式被称为"绿波带"控制。绿波带所带来的并不只是安全和畅通，还可以使交通参与者的出行时间形成一种规律性。在没有绿波带控制的道路上行驶，红绿灯的启动是随机无序的，交通参与者无法算出到达目的地所花费的大概时间。但在设有绿波带控制的道路上行驶，交通参与者只要熟悉后，就可能估算出出行花费的大概时间，这大大方便了交通参与者的日常出行。

在当今城市道路交通管理控制中，为了使交通参与者能够在车道上畅通行驶，经常会对道路交通信号进行协调配时，即采用"绿波带"控制方式进行交通信号控制。需要注意的是，采用"绿波带"模式虽然可以使车流"一路绿灯"运行通过该管制区域，但是该方式也存在一定的缺点，即其主要保障的还是某一交通流的绿色运行，如果多个绿波交通流同时运行或交叉，就很可能造成相互干扰，从而形成新的交通拥堵。

以上所述的交通管制理论虽然都有很大的作用，但是必须在实时监控的条件下，这些作用才能发挥出来。

三、交通管制最高理论分析

交通管制的最高理论就是面管理，即网络管理。具体来说，就是点、线、面的组合体。由点到线，再由线到面，从而形成一个面状的道路交通网络。交通网络是一个复杂的综合体，具体可以用数学中的矩阵来表示，主要应用交通网络 OD 矩阵进行推算。

简单地说，OD（O 即 Origin，起点；D 即 Destination，终点）矩阵是交通网络中起点和终点间出行可达关系的表达，反映了交通参与者对交通网络的基本需求。一般来说，对交通网络 OD 矩阵的研究，需要大量的交通数据调查，这些调查往往会耗费大量的人力、物力、财力，而现今可以提供交通实时监控系统获得需要的调查数据，这对理论深入实践有很好的应用价值。

通过交通网络矩阵分析，结合 GIS 信息管理技术，可以科学地改善网络的连通性，确定网络的可达程度，提供理论分析的依据和实用方法。在对绿波带基本理论理解的前提下，进行理论的延伸，结合交通网络 OD 矩阵理论，即通过对交通信息的计算处理，可以进行交通网络的绿波模拟运行，形成一种绿波网络。详细地说，就是在预知交通参与者出行目的地的前提下，通过系统进行出行规划，不只前行可以一路绿灯，就是在遇到左右转的情况下，同样可以一路绿灯，从而顺利地到达目的地。

四、交通管制方法分析

当前，随着科学技术的进步、社会经济的发展，人们的生活水平越来越高，这在一定程度上促进了城市的发展。与此同时，产生了多种多样的交通工具。我们要根据不同类型的交通工具进行交通管理，因为在同一条道路上出现不同种类的交通工具，肯定会在一定程度上影响整段路的交通运行，使交通问题变得最大化。所以，必须采取更加高效的交通管制方法。笔者认为交通分流就是一个不错的方法。简单来说，交通分流理论就是通过一些客观、科学的分析，将不同类型、不同目的的交通流分配到相应的道路交通系统中，以最大限度地发挥城市交通系统的作用，提高城市道路的使用效率。

一般来说，交通分流有以下三种形式：

（1）交通流可以分为生活性交通和交通性交通。也可以分为服务性交通和疏通性交通。简单来说，就是对城市主要道路的交通系统和其分支分开进行不同层次的管理，这样才能根据不同道路的不同情况，制定符合道路特点的管理方案。

（2）交通流可以分为常速交通和快速交通。此种分流方式还包括按出行距离的远近程度进行分流。这类分流将不同性质的交通进行分离将增加系统运行的目的性，提高城市交通运输的效率。

（3）交通分流按照车辆性质，可以分为机动交通、非机动交通和步行交通。从字面意思来说，这是按车道的性质来进行分类的，可以分为机动车专用道、非机动车专用道和步行道等。根据相应道路性质进行交通分流，不仅可以避免人车混行，提高交通系统运行效率，还可以降低事故的发生率，提高城市交通的安全性。

进行交通分流的道路系统相对于混行的道路系统有许多优越性，如车辆占用道路面积较少，行车速度高，道路利用率高，交通流冲突少且简单，比较容易实现绿波交通，噪声污染小，交通事故少等。

从世界范围来看，很多城市都相继推出和应用了城市智能交通管理系统。智能交通系统（Intelligent Transportation System，简称 ITS）代表了整个城市交通系统的发展趋势。这种系统可以将城市中不同道路的状况完整地记录在系统体系内，使人们清楚地、客观地认识不同国家、不同地区在交通方面的问题。根据这些问题，我们可以制定出相应的方案，使整个城市的交通系统得到一定程度的规范，提高城市交通运行效率，降低交通事故率，方便交通参与者的正常出行。随着 ITS 技术的不断发展，世界上很多国家开始关注并逐步启动 ITS 技术的发展计划，如欧洲国家、北美国家及一些亚洲国家都先后引入了该技术对交通进行管理。

第三章　国内外城市交通拥堵治理经验

第一节　国外城市交通拥堵治理相关措施

就目前的现状来看，汽车数量的增长带来很多交通问题。据不完全统计，每年因为交通问题而损失的 GDP 总量高达整体的 20%。有很多国家都开始重视交通问题，大力着手建设交通体系，并不断完善法律法规。因此，交通问题在一定程度上得到有效的缓解。这些成功的例子都是值得借鉴的。

一、实施治理交通拥堵的政策措施

（一）限制私人汽车拥有量，减少私家汽车使用频率

汽车与自行车和公共交通工具相比，需要的占地面积是最大的，使用效率却比较低。

在新加坡，每年通过对车辆数目的统计来决定这一年可以发放的私人汽车的拥有量。这一措施在很大程度上缓解了交通占地面积不足的问题，同时减少了交通问题的出现，保障了当地人民的生命安全，也规范了交通秩序。新加坡政府每年都会根据本年的实际情况分配不同的小汽车的配额，当这些数据被公示出来以后，每月都会进行公开招商。有很多竞标者公开竞争买车的权利，但获得买车的权利并不意味着就可以获得新车，他们还需要购买用车证。一份用车证的价值是巨大的，一般来说，如果想拥有一辆排气量在两升以上的汽车，那么它的用车证的价值甚至会超过一辆汽车的价值。并且用车证的一般期限是十年，也就意味着十年以后还需要重新竞争购买新的用车证，才可以拥有使用车辆的权利。新加坡这项政策的实施有效地缓解了当地汽车拥挤的现象，同时大大改善了新加坡当地的环境。不仅如此，当地政府还规定，所有购买的新车都必须自行加购催化转化的装置，以便汽车尾气能

够通过加工转换成对人体没有危害的气体。这同样在一定程度上限制了人们对车辆的购买欲望，因为催化转化的装置需要额外的费用。

丹麦的税收体系也被运用到对汽车的限制上。一般来说，拥有私人汽车的家庭每年需要缴纳的费用大约是其当初购买汽车费用的三倍。当地还出台了一系列政策来限制人们的购买力，在一定程度上限制了当地汽车的发展。所以，哥本哈根成为发达国家中环境好、拥有汽车率最低的城市之一。

奥地利进行的一项研究发现，由于拥有汽车的人所缴的税费比较高，所以当地人对公共交通发展十分重视。世界上一些经济发达的国家人均 GDP 和私人汽车的拥有率存在着明显的反比关系，一般来说，小汽车拥有率高的国家，人均 GDP 比较低。

（二）实施道路收费政策，加强停车管理，重点减少或限制汽车出行量

为了防止交通堵塞，如今，全球各地都已经制定政策且正在采用差异化收费标准与交通规则等措施。

英国最严重的堵塞地区就是伦敦市的核心区域，在收取堵塞费用后情况有所改善。费用的收取也有区别，如私人汽车与货车等收费，公交车、紧急救援车辆、故障车辆、消防车及一些受国家保护人员所开的车则不收费。费用收取的时间除周六、周日和节假日，开始于早上七点，结束于晚上六点半。费用收取额度是每车每天 5 英镑（约合 43.68 元人民币），如果是当地的车辆就有优惠，以汽车有没有驶进费用收取区为标准。费用收取靠车辆自动甄别系统。根据伦敦交通局的报告，收费措施既让政府的资金充裕，又大大改善了交通堵塞问题。欧洲大多地方都对核心区收取较高的停车费，且以时间计算重罚不守规则和不交钱的车辆，这样就避免了车辆长期滞留的现象。近几年来，每年丹麦哥本哈根都会减少停车位的数量。哥本哈根的停车费处于较高水平，如核心区路边的收费为每小时 4 美元。此外，与其他地方相比，欧洲的烧油税更多，以防止不节制地使用小汽车。

（三）在城市规划建设中注意控制交通流量和出行方式

全球大多地方都出现了工作地和居住地分开的现象，城市的核心地区为工作主要集中地，人们白天到市区，晚上回周边地区，造成了交通堵塞的问题。为解决这一问题，全球许多地方都对车流量和出行方式进行管理，形成了交通和商业共同发展的形式。为改变工作地在中部集中的情况，伦敦、纽约及东京

纷纷发展多中心,增加交通站点四周的人口和工作机会。日本政府以公交为重点改变地方管理,支持在交通站点附近建设大量的房屋,把工作岗位分配给多个中心,尤其是交通站点附近,以此产生了许多中心共同运作的现象。

如今,交通和商业共同发展缓解了交通堵塞问题。1976年,法国巴黎实行了相关方案,把工作聚集地从市中心向郊区转移,对舒缓交通堵塞效果明显。

(四)减少公务用车,减轻道路交通压力

公务车需求量大,会加重交通堵塞问题,所以有些国家对公务车的使用进行管理。例如,国家规定专车只可办公务,不可同于私事。如果想要专车接送,就要交税。税收支持着美国政府,公务用车要经过审核,还必须向大众公示。政府对公务车的管理极其严格,联邦政府的一个大部门,公务用车仅有不到一百辆,州政府的公车同样不多,一些市政府仅有几辆车。为了方便大众监督,美国政府使用的公务车常常会标明仅供政府使用,在休闲时间假如发现公务车没有在合适的位置就可进行举报。

二、重视优先发展城市公共交通

西方发达国家的汽车进化史往往是私人汽车增长—交通阻塞—对交通的重视。重视公交发展的方案是由法国最初提出,而后全球大多数国家都运用的,其核心内容有如下几方面:

(一)构建高密度、高覆盖、高水平的公交网

地铁与公交车等都属于公共交通,有空间大、价格低及风险低等优势,是人口集中城市的最佳选择。美国、德国等国家主要依靠法律来管理城市的公共交通,以此保证公共交通的顺畅发展。巴黎和伦敦等城市重视公共交通的相关事宜,以资金投入来支持公共交通,使公交和谐运行。

在欧洲大多城市中轨道交通是交通的核心,以其他交通方式为辅助。乘客往返核心区、边区及卫星城可乘坐快速列车;地铁是交通的命脉,主要方便人们在城市内的出行;有轨电车是地铁的辅助,舒适又安全;在欧洲公共汽车是公共交通系统的支流,其可以服务一些边远地区,方便当地居民与大城市进行往来交流。各种交通工具互相结合,形成了联系紧密、大范围的交通营运网络。

(二)努力创造条件,高效率地实现客流在不同交通方式间的转换

各种交通工具的联系和交接是构建公共交通系统的关键。先停车后换车,

既是解决核心区车辆数量问题的一种方法，也是在欧洲运行结果满意的措施。轨道所涉及的边区和卫星城周围都有和转站点联系紧密的停车设施，方便乘客转换交通工具，这样就缓解了核心区的交通堵塞问题。20 世纪 70 年代，伦敦实行了先停车后换车的方案，在郊区建设大量的停车位，让进城的乘客先将车停在合适的位置，再坐公交进城。此类场地呈弧形，离镇中心的距离为 3 ~ 5千米，分别建在城镇东、南、西、北四个方向，保证从各个方向进城的车辆都能有地方停车。德国海德堡在郊区配有小汽车一公交的转换系统，即先在郊区停车，再乘公交车进城，减少了汽车进城的数量，缓解了市中心的交通压力。

新加坡建设了更加完善的交通体系，以地铁和轻轨为其交通命脉，公交车等是第二选择。当地部门把公交站牌设在客流量大的地方，如商场附近，目的是让人们使用公交。出租车在新加坡的价格较低，是除公交外的又一选择。几家出租车公司合作，推出了专门接送服务，推动了出租车的发展。

（三）采取有效政策措施，确保公共交通优先发展

在完善的公共交通体系下，如果没有私人汽车，纽约的交通仍然畅通无阻。在纽约，通往各处的地铁就有近 30 条，公交线路近 250 条。2005 年，纽约地铁一天的客流量近 500 万人次，这一年的客流量约 14 亿人次。纽约地铁的乘客数量在全球排第四，前三名分别是东京、莫斯科与首尔。有 75% 工作在曼哈顿中央商业区的员工都把公交等公共交通作为上班的交通工具。

德国联邦政府采取了一系列措施，如乡镇社区交通资助法和区域化法，确保公交良性发展。在德国有 90% 的居民乘坐公共交通工具，德国一年的公共交通行驶记录超过一百亿条。在德国从事公交工作的人员大概有 25 万，公交业公司大概有 8 000 家。

日本东京重视轨道交通，政府大力支持，大多数乘客都以轨道交通作为出行的首要选择。

东京交通圈涵盖了周围的县城，所涉及的土地面积约 13 000 平方千米，人口超过 32 000 000，东京大都市圈内有 280 多千米的地铁路线，约 3 000 千米的铁路。24 小时内乘坐轨道交通的乘客超过 20 000 000 人次，早上上班的高峰期，城市中心有约 90% 的居民选择轨道交通作为自己的出行方式，仅有 6%的乘客选择小汽车作为交通工具。在日本，轨道全方位覆盖，同时有许多出口，可以到达不同地方，这也是轨道交通的一个优势。

法国巴黎和巴西在核心区域都有公交车等公共交通的专门通道，还规定一定时间内某些道路仅能由公交通过。在伦敦，公交车优先线路占全线路的85%，另辟有"红线"优先路线，只供公共汽车使用，严禁其他车辆使用。

三、积极倡导"绿色出行"

（一）搞好宣传教育活动，使"绿色出行"理念深入人心

欧洲交通周活动已历时19年，2019年为第十八届。举办欧洲交通周活动的目的是宣传可持续城市交通战略，倡导步行、骑自行车以及公共交通等绿色交通理念，减少小汽车对城市和社会造成的负面影响。2014年，欧洲有2 000多个城镇签署宣言，参与欧洲交通周活动。活动的重点：一是公共交通。在交通周期间提供免费乘车或优惠乘车服务，公交车上或公交站台提供免费早餐，鼓励"公交＋自行车＋步行"的出行方式，增加公交车发车密度，减少发车间隔。二是自行车。城市中提供自行车专用道路网体系及停放场地设施。三是步行道。提供四通八达的绿色林荫步行道系统。四是小汽车。制定鼓励使用清洁能源、鼓励公司开集体班车、举办节油驾驶培训班、限制城市中心区停车等政策。五是交通需求管理。实行弹性工作时间，倡导电视、电话网络工作方法，进行多种出行方式的宣传，制定机动车管理规划等。六是商业服务设施。在公交站点和交通沿线规划建设商业、服务业设施和停车场站等设施。七是换乘枢纽。合理组合各种出行方式，整合公交线路，减少市民出行时间和费用，提高公交覆盖率和通达性。八是交通与健康。提供免费体检，鼓励成立步行者和自行车代步者的社团组织，提供城市空气质量和环境质量信息。九是建立步行区。鼓励在城市中心地段设立车辆禁行的步行区。十是划定限速区。在城市中心划定车速不得超过时速30千米的区域。

（二）采取相应措施，为实践"绿色出行"创造条件

城市是人口集中地，商业发达，交通便利，实施交通绿岛政策，在欧洲大多地方效果明显。建设步行区有利于防止乘客和交通工具在核心区聚集，既有效解决了交通堵塞问题，又改善了城市的氛围，有利于商业的繁荣。巴黎、慕尼黑和苏黎世的步行区都是最让人向往的地方，体现着一个城市的风貌和繁荣。

丹麦环境保护部门和交通部门一起举办了绿色出行周活动，其核心是绿色

出行。哥本哈根对自行车比较重视，资助资金280万克朗，超过一千辆自行车被分配到城市的不同地方。自行车彼此之间用扣锁连接，要想骑车，就可向其中投币，只需20克朗，到达目的地时把车子放在合适位置，投的钱就会被退回。此方案涉及范围广，从中小公司到政府、大企业，为民众提供了广泛服务。

（三）"绿色出行"成为人们的自觉行动

对于市民出行的目的地距离居住的地方有多远，政府做过深入调查。据此，在欧洲有的国家实行了短距离选择步行或骑自行车的政策，甚至还开设了单独的自行车专用道和没有噪声的区域等。自行车的特点决定了其骑行距离不能太长，所以在一些地铁站和公交站牌附近可以看见自行车，这样民众可以骑自行车到达想要去的地方。解决城市交通堵塞，需要从多个方面进行管理和改善，而不是一味地加大交通供给。

第二节　国内城市交通拥堵治理相关措施

在我国，越来越多的人向城市集中，导致城市的交通成了问题。在过去，我国为了缓解交通堵塞采取了许多措施，如建设道路、拓宽改造、建设立体交通等，如今已经慢慢由给予向解决的方向发展，这些措施在一些地区实施后效果比较明显。

一、北京拥堵治理

针对北京市目前拥堵点段的各种成因，北京市有关部门采取了一系列措施来缓解交通拥堵问题，取得了一定的成效。

（一）针对道路设计不合理采取的措施

如果道路设计不符合当时的交通情况，那么堵塞就会很严重。当车流量大，道路已经不能满足需要时，就要采用相应的方案：一是在规定的道路上扩建，把一些不必要的地方开发成道路，扩展机动车和非机动车行驶的道路；二是去除不必要的路标，新组建路标；三是可以安排协管来维护，设置疏导岗位。

例如，西北三环、四环及万泉河路的衔接主要依靠苏州桥，从南向北只有一条机动车道，进而引发了堵塞问题。解决方法是再增加一条道路，让由南向北的车辆通行数量增加，设立工作人员管理，以应对特殊情况。此外，平房桥上每天车来车往，唯一不便的就是南北方向的道路满足不了车流量需求，因为宽度不到 6 米。解决方法是铲除平房路口南侧靠西边的绿化带，新建道路 6 米宽，并安排工作人员在车辆特别多时进行管理。

（二）针对道路配套设施不完善采取的措施

车在行驶过程中会遇到许多道路指示，这就需要健全周围的设施，如在十字路口安装红绿灯，按照需要调整信号灯的配时。在车辆数量不是很多的交叉口，安排工作人员进行疏通，也可以在道路中心设置隔离设施，完善各种所需要的标志、标线。

例如，在车辆数量很多的潘家园路青年路口，红绿灯的时间短，当地政府采取的解决方法是，扩展南侧道路，调整红绿灯的开关时间，延长东西方向的放行时间，在车非常多的情况下，由工作人员进行定点疏导。

（三）针对平面交叉口设计不合理采取的措施

如果平面交叉口设计不合理，则应该适当进行改造，如在路口处建立区分机动车和非机动车的站点，安排工作人员进行疏导和管理等。如果路口向不同方向行驶的车辆较多，那么可以采用人工控制的红绿灯，对车辆进行疏导。如果同一条道路的两个方向车流量差很多，就规划一个不规则的路口，人工控制车流量大方向的指示灯，保证车辆顺畅行驶。如果发现设置的路口太多，就放弃一些不必要的路口，也可以人工控制红绿灯来指示来回行驶的车辆。

例如，在高峰期，官园桥东侧南向北的车辆数量多，在主要路线拥堵的情况下，车辆行驶缓慢，造成堵塞现象。采取的措施是，去除官园桥东进口处北侧的便道，把东进口北侧人行横道向北移几米，在非机动车道北厕建设新的机动车道路，在向右行驶的路口设置指示灯。

（四）针对桥区交叉冲突点多采取的措施

北京的交通四通八达，在很多桥区交叉处，车辆在行驶过程中有转弯等现象，会造成道路堵塞的问题。解决方法是，建设一些专门供车辆转弯掉头的场地，也可以把废弃的停车位进行改造，把车流量分开。如果条件允许，可以建设新的驶入口，使车辆在较短的时间内完成转弯，使桥上车辆多的问题得到解决。

例如，小街桥区交叉冲突多，车辆行驶困难，当地政府就去除了近200米的机动车与非机动车的分隔带，让车辆先向右行驶。调整桥下东进口车道，设置为一条专左、两条直行、一条直行带右转的形式，同时在路口北侧100米处增设车道指示标志，疏解该路段交通。

（五）针对公交车站设计不合理采取的措施

如果公交车站建设的位置不合理，就会对周围的交通造成影响，所以需要根据实际情况转移一部分公交车站。公交车站可以按原道路迁离，也可以把主路上的公交车站转移到小街巷上，以此来解决主路人员集中和交通堵塞的问题。因为客流量较大，应该建设相应的人行桥。另外，可以在主路建设隔离护板，并完善公交港湾和停车港湾建设。

例如，高碑店桥南侧的道路比较窄，在路口较近的区域就有公交站牌。公交车进站停车时，会造成其他车辆无法通行，堵塞较严重。采取的方法是，转移南侧的公交站牌，向右行驶的车辆走东侧道路，向左行驶的车辆走西侧道路，降低了公交车停车过程中产生问题的风险。

（六）针对新开通路段车流量大采取的措施

新建设的道路势必会成为车辆聚集的地方，应该充分利用已有道路，健全指示灯和路线，改善路口状况。为了防止车流量巨大带来的各种问题，可适当增设中心隔离护栏，还要加强工作人员和相关警力的部署，共同疏导交通。

例如，莲花池东路开通后车流量集中增大，拟采取的治理措施为一定时间段内，安排警力疏导，完善交通标志、标线，对该路段进行渠化和优化路口，并且调整信号灯配时，配合车流的流量和流向。

（七）针对大型小区周边拥堵采取的措施

针对居住区的交通堵塞问题，应该先计划建设居住区内外道路，增加向外的路口，解决因人们的进出时间过于集中造成的交通堵塞问题，分流一些车辆。建设居住区外的道路时，应进行合适的扩展，保证道路的顺畅和交接点的顺畅。

例如，针对天通苑的堵塞情况，实行了渠化交通标线的方案。方庄小区的车通过相同的路口进入主路，和自行车相互抢车道，造成交通混乱和堵塞问题。解决方法是，于华楚出口的东侧建设一个出口，以分流一些车流量，在此基础上建设一条新的机动车道，在路口处增设机动车和非机动车的隔离护栏，在东侧的出口分配一些工作人员进行疏通管理。

（八）针对商业区周边拥堵采取的措施

在商业区的交通堵塞问题也很严重，应该设置多个出口，且对这些出口进行管理，增加交通标志和设施，适当增加一些停车场，限制外部车辆使用停车场，确保在商业区的车辆与外边的车辆互不干扰，增添工作人员进行疏通管理。

例如，四通桥东西侧出口周边聚集了许多商业化建筑，如超市、商城、华星影院等，也正是车辆的聚集地，同时，科南路的两边还有学校。因此，可以把华星影院东边的步道建设为非机动车道，把最开始的非机动车道改造为机动车道，取消原来收取费用的泊车位，留出盲道和人行步道共计宽4米。

（九）针对特殊时间、特殊地点拥堵采取的措施

在特殊的地点和时间，会聚集大量的人和车，这就需要增加工作人员的数量，安排警员等在特殊的时间和地段疏通管理，对于交通拥堵区域，应采取紧急预案措施。

例如，北京春运期间就要增加交警和保安一起工作，在一些交通堵塞死角设立交通标志，对车辆行驶起到规范作用。因为西客站客流量大，连带着莲花桥和西三环路出现交通堵塞的情况，应该及时采取应急措施，出动民警维持秩序，并提倡无关车辆尽量避让火车站绕行。

（十）针对城际出入口拥堵采取的措施

如果在城际出入口尤其是高速口出现问题，那么会造成交通堵塞问题。这时可以改建或拓宽一个主路入口，实施高速公路口不停车收费的方案，尽可缩短单车的延误时间，降低出入口交通堵塞的风险。

例如，以京沈辅路豆各庄桥处来说，车辆都是从豆各庄桥下路口驶入高速公路，所以造成车流量巨大，产生严重的堵塞问题。其解决方法是，在京沈高速路进京方向白鹿收费站西侧300米的位置建设主路入口，这样原来行驶的车辆就能轻松驶入主路。

（十一）针对交通事故易发地段采取的措施

对于交通事故常发地段，要及时发现事故并迅速清理，保障道路畅通。此外，应采取措施避免交通事故发生，主要通过安排值勤民警和协管员进行维护，加强巡逻控制。根据流量和时段的变化，适当调整警力部署，及时采取措

施加强桥区的疏导力量。同时，应依靠有关部门大力宣传，提高居民的交通意识，提倡途经拥堵点段的交通参与者尽量绕行。

（十二）针对道路施工引起拥堵采取的措施

如果修建道路，就会引起短时间的堵塞现象。对此，可以在配合道路建设的同时，在高峰时段安排值勤民警和交通协管人员进行维护疏堵，安装路面指示标志。

例如，在黄土店路口的北边，较窄的道路却承载着较多车辆，尤其是从西向北且左行的车辆。而且在昌平管界有大范围的工程在进行，有许多相关车辆通过，造成了堵塞，妨碍了其他车辆。因此，应该多安排工作人员疏通，以便在发生事故时快速应对和解决，同时要在周围增设 50 米隔离护栏。

（十三）针对恶劣天气引起拥堵采取的措施

天气影响出行，也会造成交通问题，而且往往是突发情况。我们应提前了解天气情况，制定出应对方案。如果天气情况影响了北京的交通，尤其破坏了交通设备，有关部门需要采取紧急措施出动警力和道路协管人员维持行车秩序、疏导车辆和处理事故，并紧急启动预案程序，保证有关部门，如防汛部等，查询各个可以导致拥堵的路段，启动现有设备。

例如，2004 年，因大雨北京 43 处信号灯被毁坏了，北京市调动了约 3 000 名警员疏导交通；同时排水系统紧急运转，多位工作人员共同处理雨水篦子上的杂物。

（十四）针对交通安全意识缺乏采取的措施

相关部门、机构应鼓励市民学习交通安全知识，让市民明白出行安全的重要性，并且遵规守法，约束自己的行为，不要在堵塞的道路上争道抢行，从而保证道路顺畅无阻。

2008 年，在我国举行奥运会期间，为缓解北京交通压力，北京市做出了单双号限行的决定，并对车道和奥林匹克中心区周边道路进行交通管制。此外，还有上下班错峰、增加公交车辆等措施保障道路通畅。北京市将优先发展公共交通作为解决交通拥堵问题的重要方案之一，通过实行降低市区公交票价、优化公交线网、强化公交优先、完善公交换乘设施以及提升公交服务水平等措施，方便市民出行，减少交通拥堵，效果显著。

缓解北京市道路拥堵问题，还需要有关部门协调起来，统一部署，实地调查拥堵严重路段的具体情况，分析造成拥堵的主要原因，针对不同的成因，采取不同的措施，缓解北京市道路拥堵的问题。

二、香港拥堵治理

香港是高楼大厦密集的国际大都市。高密度的人流和车流并没有使香港出现严重的交通拥堵现象，甚至在中心城区的一些道路上，车速很快，这与其采取的综合措施有着紧密关系。

总体而言，香港治理交通拥堵的主要方法和经验如下：

（一）构筑发达、完备的公共交通体系

对于一个城市来说，交通的发展状况可以从侧面反映其发达程度。私家车的盛行会制约公交行业的发展，而公交车数量的缺乏往往对一个城市发展是不利的，公共交通体系的发展反映一个城市交通事业的状态，有助于更好地治理城市。香港的私家车很多，但交通比较顺畅，这得益于其先进的交通体系。

1. 打造多元化的公共交通方式

在香港，交通形式多种多样，除了公交车，人们还可以乘坐电车、轮船等。根据相关部门统计，在香港最受大众欢迎的交通工具是公交车，人们普遍提倡绿色出行。因此，在香港遍布着交通路线，每天公交车来来往往也造就了香港一道独特的风景线。香港还有传统的有轨电车，这种环保的出行方式值得其他城市借鉴。在对香港的所有交通工具的数据统计中，公共交通占主体，小中型巴士为主要的载客车辆。值得一提的是，香港巴士大多都是双层的，加大了载客空间，可以增加载客数量。除此之外，在香港，渡轮也成为人们时常采用的交通方式。人们时常会通过渡轮来进行一些海上贸易，这在一定程度上也促进了香港的经济发展。出于对市民出行方便的考虑，香港的交通路线往往是直达的，这减轻了乘客中途奔波的辛苦。正是因为这种合理、高效的交通运行措施使香港的交通得到空前的发展，这种多方协作的方式值得我国其他城市借鉴，香港先进的交通模式也为香港社会的高速发展提供了有利条件。

2. 实施公交价格优惠

在香港，人们喜欢乘坐公共交通工具出行的主要原因之一是公交价格低，这也是香港政府及其有关部门为了提高公民的生活水平而实施的一种惠民政策。根据市民的年龄以及其他因素的不同制定出了不同的收费方式，如香港的

地铁票有多种不同的分类：根据行程的不同可分为单程票、往返票以及旅客票等；根据乘客的年龄差异，实行不同的售票原则，对于儿童和老人给予一定的优惠，对于学生也在某种程度上给予优惠。为了鼓励人们使用公共交通工具，还制定出积分集优惠的措施，多种方式互相结合形成了香港独特形式的交通体制。

香港政府还制定出与交通运输有关的法规，对于一些符合要求的乘客给予售票优惠政策，如对身体残疾的公民提供优惠政策。这这一系列措施使公共交通覆盖达到全民化，促进了香港社会的和谐发展。

3.具备严格的公交执法体系

生活中一些违反交通规则的事情时有发生，为了更好地进行车辆运行监督，香港在各个十字路口与繁华地段都安装了高清摄像头，运用电脑进行实时监控，对于违规车辆进行相应的处罚，大多情况下处以罚款以及监禁，并且这种处罚是根据违法次数而逐渐加重的。因此，对首次犯错者往往只是简单地进行罚款以及监禁三个月，但若再犯，那么处罚力度远远大于之前的情况，并且每个人的犯罪记录都会被记入档案，这对司机有很大的影响，他们将面临成为黑车司机的窘况。面对日益增加的违反法规的现象，香港也相应增加了罚款额度。

（二）实行 TOD 城市开发模式及规划策略

TOD 模式是以公共交通为导向的开发方式。一个城市的交通是否发达与城市的治理措施有关，绿色出行也在一定程度上反映一个国家的治理水平。如今，许多发达国家将公共交通作为发展的主要形式，这种将城市现状和交通形式相结合的方法无疑是成功的。香港也是这一方法的践行者。一些文化古城仍保留传统交通运输方式，其他新兴场地开辟新的交通方式，在多处设置交通站点，在不断尝试与努力下，产生了一些著名的场所，如尖沙咀以及沙田，并且成为了人流集中区域，世界各地的游客也慕名来这里观光旅游。

香港对公共交通非常重视，在做任何决定之前，都要保证交通的畅行，例如，在小区建设之前就必须申请到公共交通的配套线路，保证小区建成后住户出行方便。正是这种交通导向的城市开发模式，使香港成为一座通达、高效、繁荣的现代国际大都市。同时，香港人本化的交通设施规划对保持交通畅通发挥了重要的作用。

香港对交通设施的重视体现在生活的方方面面：一方面，对公共设施（如天桥、过道等）进行进一步的修整，建设许多新型的公共走廊，方便人们日常出行；另一方面，制定高效的公共交通换乘规划。香港有很多交通路线，实现交通换乘是极为容易的。这对香港的发展十分有利。

（三）创新的城市公交运营模式

港铁集团（MTR）采用的"地铁加地产"的成功运营管理模式从根本上保障了地铁服务质量的不断提升。MTR是一家政府控股的私营企业，2012年创造了360亿港元的营业额，获得利润20亿美元。更令人惊叹的是，港铁的收入成本比高达185%。这种成功的运营模式具有以下特点：

第一，MTR与政府达成协议，支付土地价格给政府，以取得车站和车辆段上盖物业及周边的物业开发权和所有权，这使MTR拥有地铁站内大镜的零售店以及地铁站附近的办公楼、商场和宅地等巨大资产，通过设置更多、更方便的出入口或通道，有效掌控了交通方式和乘客到达后踏足的地域。

第二，对地铁站附近没有所有权的物业，MTR与商铺经营者们签订互利合约。为换取客流量，地铁运营机构从商场盈利中扣除一部分，与其签订共同所有权协议，或者商场偿付一定地产开发费。这些地产收益和那85%的收支盈余共同支持着地铁的发展，为港铁扩大投资和设备更新提供了充足的财力。

（四）实行限制私家车和公务用车政策

如今，北京等城市的交通拥堵现象常常发生，这是因为私家车的数量不断增长，形成庞大规模。在香港，即使人们的生活水平很高，公共交通也是主要的出行方式。

由于香港针对私家车独特的政策，市民对交通出行有着独特的见解，全民环保的观念深入人心，人们自觉加入绿色出行的行列。香港对私家车的措施主要体现在如下方面：

第一，提高购车税率。根据车辆价格制定不同的税收标准。

第二，对于不同的车辆，按照不同的标准收取年费。收取高牌照年费，引擎越大，牌费越高。香港市民每年的牌照费是很大一笔支出。

第三，高燃油税。相较于内地，香港的汽油价格是很贵的，是内地的好几倍，其中燃油税占54%左右。

第四，停车费用高。香港根据停车场所的不同对停车费用制定出不同的标准，中心地段停车费用更高。这既突出了乘坐公共交通工具的优越性，也使近年来香港的私家车数量增幅较小。

值得一提的是，香港对公务用车也提出了一定的限制。为了缓解交通紧张，香港政府提倡公务员出行乘坐便利的公共交通工具。若没有办法通过乘坐公共交通工具到达目的地，那么可以乘坐公务车。但这并不意味着可以肆无忌惮地使用公务车，用车人员对每次出行都要给出详尽的数据，以便相关工作人员可以清楚车辆走向，从而杜绝滥用公务车的现象。

（五）构建信息化、智能化的交通管理体系

一个城市的交通管理系统要达到较成熟的状态，交通管理体系的不断完善也体现了一个城市的发展水平。香港主要运用科技手段对交通进行优化与掌控。香港政府通过与交通行业紧密联系了解当地的交通状况，构建信息化、智能化的交通管理体系：

1.区域交通控制系统

香港的交通指示灯很多，分布于各个路口以及商业集中地带。为了更好地进行监察，在各个路口分别安置了闭路电视摄影机。随着交通管理系统的不断完善，香港的交通焕发出新的生命力。

2.交通和乘客信息显示系统

此系统包括旅行者资信亭，把多媒体交通的资料通过终端发到主要的交通枢纽，如机场、公共交通交汇处等地，下一步这一系统向大型商场等地方进行资信拓展。还有互联网广播闭路电视影像系统，反映主要道路的即时交通情况。香港"行车易"可让驾驶者通过互联网，根据不同条件，如距离、时间、道路收费等，查询最佳行车路线。

3.公路交通自动缴费系统

此系统由隧桥等道路不停车自动缴费系统和八达通电子智能卡自动缴费系统组成。绝大多数桥梁和隧道装设自动收费系统，专设不停车收费通道，约有一半驶经收费行车隧道或收费道路的车辆使用了自动收费系统，减少拥堵。八达通系统现已十分普及，为香港大部分交通运输采用，包括铁路、巴士、小巴、渡轮、停车场等。这使交通堵塞问题得到了一定缓解。

4.交通监控与指挥协调系统

在香港，有很多道路监控设施，如录像机、自动车辆探测器等。

指挥系统主要是指交通控制中心，中心内设有紧急事故交通协调中心、新界的区域交通控制系统、青马及青沙管制区的交通监察系统以及深圳湾公路大桥的交通管制及监察系统。在交通智能化方面，香港政府打算在交通事故处理系统、交通数据整合与开放、导航与交通信息服务、网上电招出租车服务、巴士上的乘客信息服务、车辆检测与追踪、卫星可见性的模拟和测量、跨部门电子收费等新技术的开发和应用方面，提高交通信息传播和服务的准确性和及时性。

三、上海拥堵治理

（一）车牌拍卖制度

上海经济发展迅速，吸引了大量外来人口，交通拥堵是不可避免的，所以上海推行了一些政策以限制私家车，其中之一就是私家车牌照拍卖制度。这一制度是上海在1992年开始实行的，在制度建立的两年之后，政府开始改变制度。政府拍卖的过程不是完全公开的，并且会设置一个牌照的最低价，使牌照的最终拍卖价不会低于最低价，中标之后中标人可以自己去车管所领取牌照，当拿到牌照的那一刻，就享有了自由进入上海中心城区的权利。2002年，拍卖中标最低价在13 000元左右，最高价达到了14 000多元。2015年，制度再次发生变化，上海不再使用全国统一的警示价，上海的牌照拍卖不再设上限，使一段时间内牌照拍卖中标价格都在9万元左右，而且牌照持有者可以100的整数倍加价，但这个整数倍要小于99。这使牌照的中标价格都在8万元左右，并且降低了中标率，从而减少了上海牌照的车辆。

（二）"P+R"交通模式

在国外的许多城市，人口密集，交通十分拥挤，于是推出了不同的交通管理模式。其中，"P+R"模式的主要含义是私家车行驶一段距离后转用公共交通方式到达目的地。这样的模式在国外的许多城市中都有运用，因为在现阶段，市中心地区不容易找到停车场，停车场一般设置在市中心的周边地区或地铁等公共交通分布的地区，所以对想要去市中心的人们来说换乘是一个很好的选择。第一，换乘之后进入拥挤的中心区不至于堵车，可以节省时间。第二，和高昂的私家车油价相比，地铁费用比较低，而且地铁等交通工具已经四通八达，丝毫不用担心到达不了目的地。这样的模式在上海十分受欢迎，很多市民切实感受到换乘模式的便捷。"P+R"模式是我国为缓解交通拥堵而找到的解决办法,这种方法在国外已经得到很好的运用,现在在上海虹桥地区以及浦东机场等60个地点已经有了比较完善的换乘系统。

现在上海大力推行"P+R"模式,在上海轨道交通7号线的一些站点又新增了很多为换乘提供的停车地点。为了鼓励大众使用换乘模式,享受换乘给生活带来的方便快捷,政府还推行了换乘的优惠政策。如果市民携带公共交通卡到换乘停车场可以享受优惠,乘坐公共交通工具也可以享受优惠,每天对所有车次进行优惠,优惠金额为5 ~ 10元不等,这相对于私家车真是便宜很多。截止到现在,上海已经有十个供换乘使用的停车场,可以让3 000多个车辆停车换乘,并且停车场分布在不同的公共交通地点,可以覆盖上海市的7条公共交通线,为市民带来便利。这一模式不仅有效改善了上海市的交通状况,还真正方便了群众,这种便宜快捷的交通方式是如今上海市受欢迎的出行方式之一。此外,这种交通方式在改善交通状况的同时,有效地节约了能源,促进了城市的可持续发展,这种模式值得在全国范围内进一步推广。

（三）交通协管员制度

上海市的交通管理方式在国内处于领先水平,并且不断借鉴其他国家的优秀成果进行创新。上海曾经为了解决市民的就业难问题,推出了交通协管员这个职业,这一做法与为解决经济危机而开始的罗斯福新政相似,两者都采用了"以工代酬"的方法。这个职业的主要职责是帮助交警以及其他部门维护交通秩序,在当时很多人重新获得就业岗位,现在的交通协管员依然在交通管理方面发挥着独特的、不可或缺的巨大作用。这个岗位有效地解决了上海市的就业问题,使他们的工作对社会有益,同时使上海市的交通更加便利,人民生活更加方便快捷。

这个岗位是真正站在交通第一线的职业,也是最了解地区交通状况的职业。因此,如果想缓解日益严峻的交通拥堵状况,就要充分调动一线工作者的积极性。如今,政府对这个岗位进行了创新,以适应时代和城市交通的发展。凡是交通协管员可以进行一年转制,这一举措是对这个职业最好的鼓励,这样可以使许多年轻、高素质的人才加入这支队伍,为交通协管员团队注入新鲜血液。

（四）交通大数据信息技术的开放运用

交通协管员在现阶段的交通管理中发挥着重大作用，但仅依靠人力是不够的，现在是信息化的时代，在交通管理中加入"大数据"，使整个管理体现出智能化是很重要的。现在的上海已经形成众创模式，就是让市民真正参与进来，不管是交通管理还是社会治理，市民只要有合理的想法，都可以参与到城市管理中。现在，上海团结了许许多多市民的力量，使整个城市治理显得更加智能化。市民生活在城市中，只有他们才知道生活中哪些问题需要及时解决，只有团结他们的力量、认真听取他们的意见才能使城市更加美好，城市发展更加可持续化，更加低碳环保。现在上海向社会开放一定的交通信息大数据，使交通治理不断完善。

上海开放了许多领域的管理数据，使政府的管理更加透明，也使群众能够更好地发现政府管理中的问题。正是因为数据开放，人们才能更多地参与到城市管理中，发表自己的意见。

现在，上海对大众公开的城市管理数据很多，涉及的方面十分广泛，这些数据分别由新浪微博、强生出租等数十个公司负责，数据覆盖城市生活的很多方面，如空气质量、交通卡数据等，并通过分析数据及时提醒市民做好出行和生活准备。现在，上海还专门为开放数据推出了一个应用，这个应用方便人们了解社会生活的许多信息，并且逐渐吸引民间资本和公司的参与，一起解决城市生活中的问题。

综上所述，上海的交通管理方式给我国其他城市的治理做出了很好的示范。现在，上海依然实施车牌拍卖制度，虽然牌照拍卖中标价格较高，中标率低，但依然无法阻挡市民的热情。上海市每个月都会发放一定数量的牌照进行拍卖，购车者在规定时间内，根据自己的预期通过电话、网络或者现场报价方式参与竞拍，价高者获得车牌。随着市民对私家车需求的增加，车牌竞拍价也上涨了不少。

四、广州拥堵治理

（一）提高停车场收费

不仅上海的交通拥挤情况十分严重，广州的交通拥挤状况也不容乐观。现在，为了减少市中心的车辆，缓解车辆拥挤状况，广州市采取了一系列措施，如全面上调私家车停车场的收费标准，收费价格取决于车辆所停的地点和时间长短，呈阶梯式变化；对换乘停车场的收费不变，支持市民换乘。

（二）特定时间主干道限行

广州实施了在特定时间主干道限行的办法，以使关键时期或者节假日交通顺畅，不至于发生交通事故。

（三）开征交通拥堵费

广州市开始收取交通拥堵费，在不同时间、不同地点根据实际情况合理收取交通拥挤费，这种收费以科学为基础。其他一些国家已经开始收取交通拥堵费了，如新加坡早就通过这种方式调节了一定时间内的交通拥挤状况。

（四）外地车禁止在市区行驶

广州推行禁止非本市籍机动车在市区行驶的措施。同时，不仅不让本市籍机动车进入市中心，还对本市籍的机动车做出限行规定。机动车不管是否为广州市籍，都要遵守单双号限行规则。在亚运会期间，除了协助亚运会举办的车辆可以进入城区，其他车辆都被限行。广州市政府设立了交通管理机构，倡导人们通过换乘的方式进入城区，减少私家车进入城区，保证城区交通顺畅，切实践行低碳环保的理念。凡没有绿色环保标志的车辆禁止在道路上行驶，从而减少了市中心的车辆，为亚运会的成功举办创造了良好的条件。

五、杭州拥堵治理

杭州有其独特的交通治理方式。杭州倡导所有企业单位用班车接送员工，倡导学校用校车接送学生，这样不仅保证了学生和员工的人身安全，还可以有效地减少道路上的车辆，缓解交通拥堵。除此之外，杭州还采用了很多适合本市交通状况的新方法，利用媒体和大数据实现了公共交通和大数据的完美结合，人们只需动一动手指就可以轻松地在手机上查询公交车的到站时间。杭州还推出了公交车优先的政策，根据大数据对公交车进行定位，在路口其他车还在等待的时候，公交车具有优先通过的权利。杭州重视发挥媒体在现阶段的作用，加强法规的宣传，在学校和单位积极宣传交通法规以及违反法规的后果，普及交通法规，使人们形成自觉遵守交通法规的意识。

在杭州和上海等地区，政府积极地发挥着管理交通的作用。杭州市政府重点治理主城区的交通拥堵状况，切实提高公交车的普及程度及覆盖率，使全体市民形成低碳出行的意识，主动发现交通方面的问题，找出根本问题并解决，而不是完全照抄照搬别的国家、别的城市的经验。杭州市政府综合多方面解决问题，而不是仅仅解决某一方面的问题，使整个交通状况治理体系立体化。这是一个长期的过程，需要从现在抓起、深入研究、多部门参与、发动群众智慧。

　　总而言之，杭州市正在大力发展公共交通运输，通过完善交通运输网络达到减少私家车使用的目的。杭州市政府指出，希望在全面建成小康社会之前，实现杭州市公共交通系统的全面普及，使市民在短时间内到达目的地，从杭州市中心到任意一个主城区的地点的所需时间都可以不多于20分钟。这样市民们只需要乘坐公交车就可以很快到达目的地，并且是以私家车达不到的速度，私家车的使用就会减少，城市中的车辆自然就减少了，交通拥挤问题随之解决，并且公共交通出行也符合低碳生活的理念。

第三节　国内外城市交通拥堵治理经验的启示

　　从很多城市交通治理的例子中，人们清楚地知道，城市交通问题需要政府出台相应的措施来解决，治理交通也不是盲目进行的，需要考虑本地区的发展实际、交通问题以及其他国家的先进经验。例如，上海借鉴了美国罗斯福新政的经验，实施交通协管员制度和换乘模式；香港采取抬高油价等措施限制私家车的发展；北京实施单双号限行制度。这些方法都是模仿和借鉴其他城市的做法。交通治理不是一蹴而就的，也不是一味地使用一种方法，而是需要综合运用多种方法。

一、强化规划引领

　　对于城市的治理，政府不应该是出了问题之后才发挥职能解决，而应该是主动行使职责提前预防问题发生，这就需要政府在足够了解实际情况之后，针对可能发生的问题提前预防。例如，在出现交通拥堵问题之前，政府应该提前对城市道路进行规划，提前预防交通拥堵，综合城市发展的各个方面，借鉴其他城市和其他国家发展的经验和先进成果，提前为解决交通问题做好准备。

2008年，新加坡对城市的交通发展做好了部署，结合当时的经济发展走势合理地、科学地预见了未来新加坡的经济发展走势，将城市的交通发展作为城市经济发展的重要因素，根据经济发展走势适当调整了交通发展方式，现在的新加坡成了城市治理的榜样。早在20世纪八十年代，温哥华根据城市发展的趋势对交通的发展做出了良好规划，规划涉及城市发展的多个方面，整个部署十分全面，且适合城市发展。

二、发展公共交通

为了解决交通拥堵，许多城市都采用了一种有效的方法，那就是发展公共交通，限制私家车出行，这在减少私家车数量上起到了很大的作用。德国不仅利用国家政策扶持公共交通的发展，还出台了相关法律帮助减少私家车的使用，鼓励大家使用公共交通出行。德国政府不仅支持公共汽车、共享单车等公共交通，还大力发展轨道交通。在国外，许多国家十分支持轨道交通，这种交通方式十分安全，并且轨道大都分布在地下，轨道交通占地面积少，更加充分地利用了土地，缓解了交通状况。除了发展公共交通，完善公共交通建设外，有些城市还限制私家车的使用，大力推行私家车换乘模式，即鼓励人们驾驶私家车一段时间后，换乘公共交通进入交通堵塞路段，这样可以使乘客快速到达目的地。伦敦就大力推行这样的模式，还在主城区外修建停车场，为想要通过乘坐公共交通进入城区的私家车车主提供停车场所。

三、拥挤性收费

新加坡很早就出现了交通拥挤状况，因此采取了收取交通拥挤费的措施以缓解交通状况。新加坡所收取的交通拥挤费不是一成不变的，而是很人性化的。根据时间和交通拥挤程度收取一定的费用使市民在已知的交通拥挤时间内减少使用私家车出行，缓解了交通拥挤状况。即使车辆很多，政府也可以用收取的交通拥挤费增派人手管理交通以及支持其他的城市建设，以有效地缓解交通状况。其他国家的城市也开始仿效这一做法，伦敦在几年前开始收取交通拥挤费，这使伦敦城区的车辆明显减少，并且所收取的费用可用于包括交通建设在内的城市建设，这一做法可谓一举两得。

四、车辆限行

交通发展状况不同的城市都结合本市的交通和城市发展的实际情况出台了不一样的办法。例如，韩国的城市对车辆限行，即不让所有车辆一起出行，这样道路上的私家车数量就会少很多。20世纪90年代，首尔率先开始实行车辆限行，限行的标准主要是根据车型和车牌号制定的，这一做法有效地限制了车辆的出行，降低了城市交通的拥挤程度。现在首尔的车辆限行政策十分成功，车辆限行制度也十分完善。在首尔举办各大体育赛事和政治会议的时候，车辆限行制度也发挥了很大的作用，保证了活动的成功举办。现在，北京等城市也在采取这种措施缓解交通拥挤的状况，这种措施是值得其他城市学习的。

五、倡导自行车出行

车辆限行虽然很有效，但对有的区域不适用，并且机动车出行是不环保的行为。现在，我国许多城市都推出了"共享单车"，如果目的地不是很远，市民就可以骑自行车。自行车在交通拥挤的道路上是十分便捷的，也受到了市民的欢迎。20世纪90年代，哥本哈根就已经出现了"共享单车"，当时的自行车推广主体是政府，由政府提供自行车，市民只需交押金就可以骑走自行车。哥本哈根十分重视自行车的发展，这种出行方式不仅便捷还十分低碳环保，市民在使用自行车之后可随时退回押金。这种方式有效地减少了短距离的私家车出行人数，保护了环境，可谓一举两得，值得其他城市学习。巴黎也出现了类似的单车项目，在巴黎，自行车的租赁还运用了高科技，市民需要联网租赁，单车可被定位。现在，不论是国外还是国内，自行车已经十分普及，在巴黎每天骑自行车出行的人数不断增加，人们的环保意识也不断增强，自然交通拥挤状况也不断得到缓解。

六、实行错时上下班制度和弹性工作制

在城市治理的过程中，政府不仅要知道如何治理，还要知道问题是如何产生的。交通拥挤问题产生的原因就是许多人在同一时间段使用车辆并驶进了相同道路上。调查显示，交通拥挤状况主要发生在早上和晚上，因此调整上下班的时间就成了缓解交通拥挤状况的一大法宝。许多国家都实行弹性工作时间，

员工可以根据自身情况安排上下班的时间，只要每天保证一定的工作时间达到一定小时数就可以，这种方法十分人性化，并且使员工可以错开早高峰和晚高峰，有效调动了员工的积极性，使其工作效率得到提高。

随着经济的发展，机动车的数量保持着惊人的增长速度，如果一直靠修路的办法来解决交通问题，那么终有一天道路会代替高楼大厦。如果完全凭借扩宽道路，那么等经济发展到一定程度，车辆依然会把道路塞满。因此，只凭借物理方法是无法解决问题的，需要采用一些强制方法，由政府出台政策治理，这样才能有效缓解交通拥挤状况。

解决交通拥挤问题不是一蹴而就的，需要一个过程，需要整体考虑。政府如果只把目光放在交通上，那么无论付出多少努力都无法完全解决交通问题。毕竟经济在发展，人民生活水平在提高，交通问题也在不断变化，因此政府要综合很多方面考虑，统筹全局，这样才能更好地预见未来的交通状况。政府除了要科学预见未来，还要从源头治理，交通拥挤说到底就是供给无法满足需求，因此要采用适当的方法综合治理，解决供给问题缓解日益严重的交通状况。

策略探索篇

第四章 基于政府智能的城市交通拥堵治理策略

第一节 加强城市交通宏观调控

交通政策与法规的发展一直和城市交通的发展紧密相关。为了满足我国城市交通发展的实际需求，政府应该宏观调控，颁布相关的具有较强实效性的政令、法规、政策，解决城市发展中产生的交通问题，推动城市发展，特别是让车主正确使用车辆。比如，现在有的城市提倡自行车和公共交通相结合的方式，这种出行方式能够有效缓解交通压力。政府还可以通过建设公共交通新干线，改善公共交通环境，科学规划道路。如果政府可以做到科学设计道路，加强对公共交通的建设，改善公共交通环境，交通拥堵状况自然会得到缓解。

一、城市交通的宏观调控措施

（一）大力发展与改善城市公共交通

在当今城市交通拥堵的环境下，很关键的一项任务就是大力发展和改善城市公共交通。其中，完善城市换乘体系、优化路网结构、构建新型的高科技道路信息发布系统等能够促使人们在出行时选择公共交通工具，进而更好地改善城市公共交通现状。

（二）对城市进行合理规划，进而更好地促进公共服务的均等化

目前，很多城市已经有了系统性的规划方案，规划的新区在很多方面依旧依赖老城区，特别在公共资源上。因此，城市商业总是高度集中在某一地区，造成这一地区的堵车现象。这就需要提升城市规划的合理性，实现公共服务的均等化，从而为城市交通建设服务。

（三）政府可以通过制定相关政策对人们购买私家车等进行调控

例如，从企业的角度看，一个企业要想获得长足发展，劳动力是不可缺少

的，但是众多的员工都集中在同一个时间上下班，势必增加交通压力。因此，笔者认为，政府可以出台相关政策，适当调整企业员工上下班时间，让人流得到有序疏散，或者对使用公共交通工具予以相应的优惠。这样不仅降低了私家车的使用率，也促进了企业和公共交通的长足发展。

（四）在关键的交通点进行通行收费

虽然在关键交通点收费还未得到所有人的认可，但是我们必须承认在关键交通点采取收费的方式必定会缓解当地交通压力，并且会提高人们调整出行方式的自觉性。当然，收取的费用是用之于民的，用来改善公共交通环境。

（五）明确政府在交通拥堵治理中的角色与作用

地方政府是制定和执行政策的机关，在解决交通拥堵问题时势必要承担责任。第一，政策调控。政府作为社会的管理者，可以使用法律手段进行管理，同时需要出台相应的政策。比如，可以对公共交通给予补贴，减免税收，或者限制私家车出行。第二，合理引导。政府可以增加自行车和公交出行方式所占的比重。第三，完善公共交通设施。政府可以在网线建设、交通枢纽和公交站牌建设、换乘环境、车内环境等方面进行改进。政府若想解决交通拥堵问题，就必须完善公共交通网络，优化道路网络结构。建设畅通的公共交通的关键在于构建更加健全的城市换乘系统，在公交换乘方便快捷的情况下，人们才能更加热衷于乘坐公交出行，才能降低私家车使用率。

在政策方面，政策主体一般可以被界定为直接或间接地参与政策制定、执行、评估和监控的个人、团体或组织。政府必须正确认识到交通拥堵问题的严重性，真正承担起公共服务的职责。

政府作为国家机关需要切实执行法律法规和政策，要肩负起管理城市交通的任务。比如，第十三届全国人民代表大会第一次会议通过的宪法修正案中有如下陈述："县级以上地方各级人民政府依照法律规定的权限，管理本行政区域内的经济、教育、科学、文化、卫生、体育事业、城乡建设事业和财政、民政、公安、民族事务、司法行政、监察、计划生育等行政工作，发布决定和命令，任免、培训、考核和奖惩行政工作人员。"由此可见，政府在整个社会事务中不仅是管理者，还是立法者，其有权力根据国家的法律法规、地方的实际情况制定和执行政策法规。

交通问题的缓解在一定程度上能够提高政府公共管理水平，有利于建设创新型政府，但交通问题的产生不是源于某一个原因，解决城市交通拥堵问题需要一定的时间。要想对不同因素进行全面整理与分析，对相关信息全面、科学、准确地进行搜集与分析，个体是不具有这些权力和能力的。因此，我们应当考虑在这个过程中政府的作用，明确政府的优势，才能更好地解决交通问题。

二、城市交通宏观调控案例——重庆

（一）城市分区宏观调控

1. 重庆主城区商圈空间结构的规划

重庆商圈以中心广场为主体，从空间布局的角度来看，中心广场周围是大型商业基础设施。重庆这种多核结构的城市在规划时应同时对商圈结核体进行培育，并适时适地发展外圈。在整体的规划上，观音桥商圈、解放碑商圈形成了一个结核体，具有较强的凝聚力。而杨家坪、三峡广场商圈的结核体则应增加主干设施，优化路网的布局，以增强凝聚力。从长远发展来看，在商圈结构中应该培养合适的新结核体并进行适当调整，最终构建商圈多核结构模式。

2. 交通组织优化策略

（1）区域层面交通优化策略。对商圈发展十分重要且直接影响商圈发展的是交通，解决商圈之间通达性的问题是交通优化在区域层面上的重点。比如，重庆各个商圈都位于具有很高可达性的交通节点处和主要交通干路交叉点附近。近年，城市机动车数量不断上涨，同时商业圈范围在不断扩大，这样，商业圈后围的车辆聚集形成的交通拥堵，就阻碍了城市商业圈的发展。目前，交通拥堵已经成为重庆商业发展中的巨大障碍。

在这样的交通拥堵问题出现的同时，重庆的商业和交通都在发展，商业圈及交通更应当匹配城市发展。所以，要结合城市轨道交通现状进行合理规划，进而改善商业圈的交通状况。因为车辆多集中被停放在环道上，这造成了商业圈交通拥堵，因此目前的关键问题是如何解决环道内的交通拥堵。

（2）局部交通优化策略。由于车流和人流大部分都集中在商业圈内部，因此想要建设步行商业街区，就需要施行严格的规章制度。以重庆为例，尽管想要规划步行商业街区，但是因为没有实现规划目标，形成很多半步行的区域，所以区域中依旧有交通拥堵现象。在停车方面，重庆主城各大商圈，尤其是观音桥、解放碑商圈，都基本采用地下停车方法。

重庆主城区的人们很多时候难以找到合适的停车位置，这主要是因为城市停车位置建设不足，与停车需求量无法相互匹配，停车问题制约了商业圈的发展。虽然很多国内外成功的大城市建设案例都告诉我们，城市的发展需要相匹配的停车保障措施，但是考虑到重庆内部用地的现状，建设停车楼会是不错的解决方法。

（二）机动车保有量宏观调控

由于城市道路有限，在一段时间内通过的车辆数目巨大，这很容易造成城市交通拥堵。城市小汽车的保有量、小汽车的出行率都与社会经济的发展相关。私家车的使用率大幅提升会使社会公共空间减少，空间资源不能得到合理的利用，这最终会造成空间资源的浪费。大中型城市受到的影响最大，人们需要提前出门和推迟回家。同时，从整体上看，私家车出行会延长机动车在路上花费的时间。

第二节　强化城市交通规划引领

一、提升城市交通规划的地位和作用

为了缓解城市交通拥堵的情况，发达国家把目光放在了城市内部的交通规划上，将城市交通规划纳入城市总体规划，扩大城市交通在城市整体规划中的作用，并将城市交通规划纳入法制化管理轨道，将其作为政府法定职责进行固化，目的在于维持城市交通协调、高效运转。

新加坡陆路交通局 2008 年 3 月出版了《新加坡陆路交通总体规划》，详细解释了未来 10 ～ 15 年新加坡陆路交通系统的政策与发展策略，其中三大核心内容是实施高效的道路交通管理、优先发展公共交通、满足不同群体出行需求，目的是规划一个以人为本的陆路交通系统，以使新加坡成为充满活力、适合居住的国际化城市。新加坡将公共交通和城市整体计划联系起来，确立了公共交通在城市发展中的地位。此外，新加坡在道路系统总里程增长缓慢的情况下，

非常注重优化路网结构的功能配置，使城市道路微循环系统能有效地对交通流量进行疏散，同时为公共汽电车线网的布设和优化创造了良好的基础条件。

加拿大温哥华地区于 1996 年通过了面向 21 世纪的《宜居区域战略规划》，旨在通过统筹协调土地利用规划和交通规划实现城市的可持续发展。该规划明确了与公共交通相关的两个策略：一是发展紧凑型城市，涵盖现在的规划布局，支持社区容纳密度较高的居住区，从而使人们能够就近工作和居住，并能够更好地利用公共交通系统和社区服务设施，避免城市无序蔓延；二是扩大交通工具的选择范围，支持人们利用公共交通系统，降低人们对小型私家车的依赖程度。该规划明确了城市交通发展的关注对象，按照关注程度依次是步行、自行车、公共交通系统、货物交通，最后是私人小汽车，真正体现了以人为本的核心理念。在《宜居区域战略规划》的引领下，温哥华的城市环境得到了根本性改善，温哥华也因此被评为"全球最适宜生活城市"。

日本东京 1977 年实施了《第三次全国综合开发计划》，依据城市发展现状制定了以发展区域轨道交通网络为主、以公共汽电车为辅的城市公共交通发展目标，提倡重点提高公共交通的整体服务水平，建立高效发达的公共交通网络和换乘便捷的城市交通换乘枢纽及配套设施，全面改善城市公共交通发展环境，鼓励市民采用公共交通方式出行。目前，东京已成为世界上公共交通系统最发达的城市之一，尤其是其庞大而完善的轨道交通网络为促进城市的健康持续发展提供了有力的支撑。

英国政府在《交通运输规划政策指南》中规定了交通发展与土地利用的一体化规划方法，规定在城市新区开发规划阶段，地方政府应当通过相关开发项目的总体布局以及改善步行、自行车、公共交通条件等方式，协调其交通政策与土地开发等其他方面的规划。

二、建立以公共交通为导向的城市发展模式

以公共交通为指引的城市发展方式（Transit Oriented Development, TOD）指的是综合分析和开发公共交通沿线和公共交通场站周围的土地，提高城市用地的紧密度，协调环境效益、经济效益，以快速、大容量的公共交通走廊引领城市发展方向，促进公共交通服务与城市发展相互配合，形成符合城市公共交通发展的土地利用结构的一种城市发展形式。面对现阶段城市

发展出现的一系列问题，很多国际都市在开发建设时，都会提前规划建设公共交通线路和设施，根据公共交通系统的承载能力确定合理的土地开发模式和开发强度，让公共交通带动整个城市发展，形成以公共交通为导向的城市发展模式。

与传统的城市发展模式不同，TOD 模式下需要公共交通承担起引导城市土地使用的重任，使城市交通规划与土地利用更加协调。TOD 模式具有土地混合开发、建设密度高和空间设计宜人等典型特征。一是多功能、混合型的土地开发模式。TOD 社区合理规划高密度的住宅区、商业区和办公区，并且提供相应的配套设施，把这些不同种类的土地合理、有序地分布在城市公共交通线的周围，同时规划好步行的线路，实现城市的集中、紧凑型发展，减少人们的出行次数，缩短其出行距离，这样有效地避免了早晚高峰期的"潮汐"交通现象。二是较高的土地开发密度。高密度、紧凑的土地开发模式更容易提高公共交通工具利用率。三是以步行为核心的空间组织。

瑞典的斯德哥尔摩早期在进行城市规划时，采用了以公共交通为导向的城市发展模式，确定了城市发展以原有市区为核心，加上许多卫星城环绕中心城区。斯德哥尔摩的地铁线与最早的卫星城同步建设，城市重要的功能区都集中在地铁沿线和地铁场站周边。从 20 世纪 50 年代开始一直到 21 世纪，城市管理者一直保持并发扬了这种规划思想，将斯德哥尔摩建设成以轨道交通为骨架、以完善的公共汽电车网络为支撑的国际型城市。

丹麦的哥本哈根依据自身城市特点提出了城市要沿着几条狭窄的走廊向外发展，走廊间由限制开发的绿楔（公共绿地）隔开，同时维持原有中心城区功能的城市发展规划。该规划采用了放射发展的轨道交通系统，支持交通走廊从中心城区向外辐射，形成手掌型的发展形态。

新加坡的城市布局总体上呈多中心、组团式格局，大多数新城围绕轨道交通建设。新加坡根据城市规划，在传统的南部商业中心之外的西部、北部、东部各发展一个卫星城，也日益形成了完备的基础设施，用以满足居民的生活和工作需求。轨道交通及公共汽车将新城与新城之间、新城与中央商业区及工业园之间紧密连接起来。在大容量公共交通系统站点周围进行高密度开发是新加坡城市发展的特点。在新加坡，所有的居住区、商业区、工业区都临近公共交通站点，距离都在步行范围之内，因此人们能够更好地选择适合的交通工具，这种选择又使人们将公交站点特别是轨道交通站点作为自己居住、工作和购物的首选地点，这也带动了附近的地价上涨，从而形成以公共交通为导向的局面。在城市规划的引导下，新加坡城市正如 TOD 理念所设想的那样，像是一条"项链"，其诸多高密度、多功能开发的新城以及商业区、工业园是项链上各式各样的"珍珠"，这些"珍珠"由公共交通系统联系起来，从而使新加坡成为了一个高效运转的公交都市。

我国香港特区政府也坚持把城市交通作为城市规划的一个下属系统来考虑，在 20 世纪 60 年代初就确定了"以轨道交通为主，改善道路系统，提高道路系统经济性"的指导方针，减少了道路建设的重复施工，节省了道路使用面积，提高了道路交通流量。香港约有 45% 的人口居住在距离地铁站仅 500 米的范围内，尤其是在九龙、新九龙以及香港岛，该比例更是高达 65%。自 20 世纪 80 年代开始，香港的公共交通承担着 80% 以上的客流量，香港优先发展以轨道交通为主的促进城市交通高效运转的公共交通系统。

三、强化土地利用和城市交通的一体化规划

新加坡非常注重对土地、新城及交通系统进行统一整合，于 1971 年提出了第一个概念规划。这一概念规划体现了新加坡城市规划最关键和最基础的原则：土地利用和交通规划一定是一个结合体。因此，新加坡采取了城市组团与土地混合开发的发展模式，政府通过经济和行政等手段，将大量的土地所有权收为国有，这为公共交通预留了充足的发展余地。并且，政府对土地给予严格的控制，使其按照法定的程序被开发，这有效地保障了土地利用与交通运输、环境保护等的协调发展。

欧盟交通委员会十分重视交通与土地利用的有机结合，在《面向可持续的城市交通政策》中提出："城市政府必须严格制定城市交通规划，以提高交通的安全性、可持续性和城市综合竞争力，从而提高人民的生活质量。"其主要措施包括：加强规划，通过规划增强城市综合功能，提高开发程度；加强交通规划，尤其重视土地利用规划在实现城市可持续交通发展中的重要作用。

四、加强城市交通规划的实施管理

新加坡利用严格的法律手段规定了城市规划管理体系。尽管经过多年发

展，但规划的地铁线路周边的土地利用性质很少发生变化，这有力地保障了公共交通和土地利用的协调发展。新加坡采取的主要措施有三种。一是运用经济手段和行政手段调控土地利用和转让。二是运用信息技术加强规划管理。可靠、准确的数据是实施规划管理的重要依据。新加坡特别关注并合理分析土地利用信息和城市发展的大数据，还利用信息技术手段开发了城市规划的管理信息系统，以提高规划的管理效率和监督力度。三是严格规划执法。对于违反规划进行土地开发的行为，新加坡制定了严厉的处罚规定，违法者必须缴纳罚款或被监禁，有的还会受到更加严厉的处罚。

五、实施城市交通影响评价制度

交通影响评价通过研究城市建设项目与交通需求之间的关系，分析项目对城市交通的影响范围和影响程度，确定相应的对策或修改方案，采取补救措施，以减小项目建设对城市交通的影响。交通影响评价是协调土地开发规划以及改善交通组织与交通管理环节的重要手段，可以从源头上最大限度地减轻建设项目对城市交通的影响，缓解城市交通拥堵状况。

国际上许多城市都非常重视对重大建设项目实施交通影响评价制度，并建立了完善的交通影响评价标准和实施办法，规范了交通影响评价的实施程序，以确保交通影响评价制度得到有效落实。

交通影响评价起源于美国，20世纪40至80年代，美国城市的高速发展使交通基础设施建设资金的筹措越来越困难，飞速发展地区开始思考是否可以让开发商负担交通基础设施建设资金。在这种环境下，交通影响评价被逐步提出，政府通过预测项目建成后是否会改变交通环境，决定是否由开发商负担与这些建设相关的费用，或者让开发商自行改进开发策略，将交通影响降至最低。1986年3月，针对用地开发对交通系统的负面影响，美国交通工程师学会召开了有关土地利用与交通的专门会议，第一次着重强调了重大建设项目交通影响的重要性。1988年，美国交通工程师学会发布了第一份交通影响评价总结报告，向全美国推荐建设项目交通影响评价的内容与方法，这标志着美国交通影响评价制度的形成。其后，美国多个州的运输部和城市在该报告的基础上出台了地方指南和法规。美国交通影响评价一般由地方政府根据法规，责成开发商提供交通影响评价报告，开发商多聘用咨询公司进行交通影响评价，向地方政府提交交通影响评价报告书，由地方土地规划部门、交通规划或交通工程部门和委员会审查批准。总体上，美国的交通影响评价制度已经基本拥有了一套完善的方法和理论体系。

日本于 1999 年 8 月颁布了《大规模开发地区关联交通规划手册》，规划了建设项目交通影响评价的健全程序；2000 年 6 月日本发布实施了《大规模零售店铺立地法》，规定对面积 1 公顷以上的店铺进行交通影响评价，从法律角度确定了交通影响评价的地位，充分体现了公众参与度，缓解了新建重大基础设施对现阶段交通量较大地区的新增交通压力。

英国公路与交通工程协会于 1994 年发布了《交通影响评价指南》，规定了一般区域的新建项目新增交通量超过邻接主要干道现有交通量的 10%，或既有交通拥堵区新建项目新增交通量超过邻接主要干道现有交通量的 5% 时，须改进规划，编制交通影响评价报告。英国在进行建设项目交通影响评价时一般采用网络分析软件，在交通预测和分析方面积累了较好的经验。

中国香港城市建设项目交通影响评价由香港运输署负责审核。1997 年 10 月，香港运输署发布了决定交通影响评价范围和要求的《交通影响评估指引和要求》，用来评价开发项目对周边交通的影响并推荐交通改进措施。香港建设项目交通影响评价内容较全面，实践性很强，便于工程技术人员在技术分析中找到交通症结，提出解决方法，也便于审批机关在审批开发时，对是否可以开发做出直接的判断和界定。

北京市于 2002 年 1 月 1 日颁布实施了《北京市建设项目交通影响评价准则和要求》，规定了城区内建筑规模大于 2 万平方米的大型公建项目和大于 5 万平方米的居住类项目、交通枢纽和大型停车场等必须进行交通影响评价，并对交通影响评价报告的编制准则和要求、交通影响评价的实施、交通咨询单位的资质提出了具体要求，确定了开发商对此影响应承担的市政设施义务。

上海市于 2006 年制定了《上海市建设项目交通影响评价规划管理暂行规定》，对交通影响评价的区域范围、管理分工、评价依据、时限要求等进行了规定，在深入分析土地利用和交通发展的互动关系的前提下提出了基于"用地反馈"的交通影响评价思路。

浙江省于 2007 年 7 月印发了《浙江省建设工程交通影响评价技术导则》，规定了城市大型交通设施、人流集中的公共设施、大型居住区和大型公建项目等必须进行交通影响评价，并对交通影响评价的工作要求和审查流程进行了严格规定。

六、树立面向新型城镇化的交通规划新理念

从欧美发达国家的经验中可以看出，在城镇化快速发展的过程中，交通问题至关重要，在城市化快速发展的阶段，不同的交通发展形势给城市的发展带来的影响也有所不同。因此，在城市化快速发展的早期，要对城市交通发展进行合理布局和科学调控，只有让人们认识到社会经济发展要和交通发展规划相匹配，才能促进城市和交通协调发展。

如今，我国已经处于人口快速向以大城市为核心的都市圈聚集的城镇化发展阶段，要想加快转变经济发展方式，应进行经济结构战略性调整，推动新型城市化进程。鉴于数年来我国城市的不断扩展，人们出行需要的时间和出行距离也越来越长，公共交通的发展却难以满足人们的日常需求，因此越来越多的人们使用小汽车。这与中国传统的紧凑型城市发展模式极不匹配，以小汽车为主体的机动化交通模式难以满足高密度、高强度的交通需求，从而引发日益严重的交通拥堵问题。

根据现实情况，针对新型城镇化的需求，我国必须解决城镇化进程中的关键性问题，即优先发展公共交通，再通过公共交通串联带动城市发展，这是面向新型城镇化的交通规划新理念的核心内容。在新型城镇化进程中，需要更加强调和突出城市公共交通的发展定位，应将其定位为城市重要的社会公益事业。这样，城市的生产生活和交通的联系将会日益紧密，公共交通也会促进城市的可持续发展。

第三节　调控城市交通

20 世纪 80 年代，交通工程专家就认识到，单纯依赖交通供给方面的政策是解决不了交通供需不平衡的矛盾的，所以必须对交通需求采用政策调控并加以适当管理。长远的发展战略规划、调控交通需求有利于城市交通的发展，只有这样，才能逐步解决城市交通的供需矛盾。然而，交通政策不再是一个部

门、一种理念的偏执产物。其要点包括要有一个切合实际的可持续发展目标体系，而且要协调经济效益和社会效益，让各种交通工具共同在目前的交通环境里高效运转；建设高质量的交通基础设施，提高新型交通政策在民众心中的可接受性，化解目前城市发展中交通发展与城市空间的矛盾。所以，我们不仅要了解城市交通政策和目前的交通真实情况，也要进一步了解交通需求和交通方式变化，在相应交通政策的调控与引导下，使交通需求与我国城市交通设施的建设、供应能力趋于平衡，保证城市交通协调、高效运转。

一、优先发展公共交通

很多国家经历了交通发展的挫折以后认识到，想要解决一些大城市的交通问题，应把公共交通发展放在第一位。目前，把公共交通发展放在交通发展第一位的思想已经被广泛认可。

把公共交通发展放在交通发展第一位的想法是基于以下两点被提出的。

一是城市交通的首要目的是服务于人的移动而非车辆的行驶。城市里的交通系统体现了当前城市的发展程度，针对服务于人们的生活，在人口密集的城市内部，公共交通比私人交通效率更高。要想解决城市交通问题，最现实、最经济的方法就是把现代公共交通系统建设得更加科学、快捷、高效。

二是公共交通能最大限度地满足人们必要的出行需求。城市交通流量由"固定的"出行量和"随机的"出行量两部分组成。前者是每日必不可少的交通量，主要涵盖市民的工作、学习通勤和日常生活出行，是刚性的交通需求。后者包括外来交通量和城市其他出行居民的量，都是弹性的。所以，必须建设更加快捷便利的交通系统，从而让交通顺畅、有序。

优先发展公共交通是符合中国城市发展和交通发展情况的正确战略思想。

公共交通优先战略是一项复杂的社会系统工程，实质上也是对已有城市交通结构和各种利益关系的重新平衡，涵盖城市管理的各个方面。公共交通优先战略要求在整个城市交通系统里城市公共交通占据主要地位，并且受到法律和政策的支持。除此之外，要做好规划和管理，突出公共交通快捷、高效的特点，最终达到优先发展公共交通的目的。具体来说，必须做好以下几方面的工作。

一是加强对优先发展公共交通的组织领导。按照"完善政府的经济调节、市场监管、社会管理、公共服务的职能"的要求，政府部门应切实加强对优先发展城市公共交通工作的组织领导，结合客观现实，制定切实可行的政策措施，促进城市公共交通的健康发展。

二是制定优先发展公共交通的相关经济政策。城市公共交通是社会公益性事业，它的发展是公共财政体系的一部分，需要进行统筹规划，重点帮扶，并且需要对城市发展具有全局性影响的公共交通建设项目予以资金支持。

三是完善城市公共交通场站设施。政府应加大投资建设公共交通场站的力度，完善城市公共交通场站建设。

四是建设公共交通专用道路系统。公共交通的主要载体是"公交专用道"。应把公共交通专用道路系统建设作为建设的重点，利用公共交通专用道路，保证公共交通车辆对道路的专用或优先使用权。

另外，在体制和票价政策方面，要让企业享有充分的经营自主权，遵循政府、企业分开的原则，利用竞争手段，在统一规划、统一管理并确保最大限度地服务乘客的前提下，动员社会力量积极参与兴办公共交通企业，让城市公共交通更好地发展。实施相应的交通优惠政策，使公共交通在城市中有优先权，增强公共交通的吸引力，提高交通效率和舒适度，真正优先发展公共交通，使公共交通居于城市客运交通的主导地位。

二、加快轨道交通建设的步伐

众所周知，轨道交通建设需要大量资金的投入，并且建设周期长，还需要很高的技术条件的配合。面对如此高的要求，厂商及大部分城市不会贸然采取相关计划建设轨道交通。然而，面对目前我国城市在日常高峰段拥堵的状况，将城市交通更多地向轨道交通方向倾斜，无疑是解决目前城市交通问题的措施之一。轨道交通包括高架铁路、地面轻轨以及地铁，轨道交通建设过程的实现形式是多种多样的。以东京为例，平均日载客量350万至400万左右的高架环线就长达40千米，对缓解城市交通拥堵起到了关键性的作用。日本之所以采取这种方式，更多的是因为其建造速度快、占地面积小以及造价只占地铁的1/3的优点。

与发达国家相比，我国轨道交通的发展仍然不理想。大部分发达国家大中型城市的地铁建设颇有成就，这些城市大都拥有总长达200～400千米的地铁，日均载客量在百万甚至千万人次以上，年客运量在几十亿人次以上，足见地铁对城市交通的疏解作用。地铁作为大运量的轨道交通之一已经成为某些国际大都市最主要的交通干线，如莫斯科、纽约、东京、巴黎以及伦敦等城市。我国地铁建设在近几年也快速发展。

轨道交通建设最主要的问题是资金短缺。因此，要广开渠道，采取多种形式解决资金来源问题。一方面，政府应加大对城市基础设施建设的投资力度；另一方面，应该对现行的集资、融资制度进行改革，调动社会力量参与城市交通设施的建设，促进城市交通设施总投入的大幅度增加。据统计，我国超过1 500千米的轨道交通规划总投资达到5 000亿元，目前正在规划建设的线路有55条，覆盖了我国20多个城市。

三、大力推广"小汽车共用"

最先开拓小汽车共用市场的当数欧洲。如今，美国、意大利以及英国等国家已经开始着手将小汽车共用推向普通大众。原因在于拥有广泛群众基础的小汽车共用组织是新型组织，实现快速市场化离不开政府的帮助和支持。虽然欧洲的小汽车共用有着久远的历史，但稍早前仍仅限于亲朋好友。在欧洲，小汽车共用组织非常普遍，那里的领先公司驻扎在瑞士，拥有600个租赁场站及20 000名成员。想要推广这种小汽车共用不能仅满足于自20世纪80年代开始小汽车共用行业取得的成就，要以方便客户出行为目的，以公司旗下及邻近的停车场为基础，在政府的帮助和支持下，将其推广到更广大的受众市场，让人们乐于接受，乐于付费，从而获得利润。

据研究，小汽车共用能带来巨大的社会效益、经济效益和环境效益。

一是减少小汽车拥有量。国内私人小汽车进入家庭在2005年后逐步形成高潮。最新统计表明，我国私人小汽车保有量已经突破了1 000万辆。如果其中10%用户能成为小汽车共用成员，就有100万辆小汽车的使用者转为使用共用小汽车。这100万小汽车的使用者所需的共用小汽车是10万辆小汽车（取大型小汽车共用组织的人车比10∶1），则减少的小汽车拥有量为90万辆，占原有车辆拥有量的9%。如果考虑到国内的公有制特点，鼓励党政机关、团体单位的用车大量转变为共用小汽车，则由此而减少的小汽车拥有量就更加可观。小汽车拥有量的减小意味着道路投资的减少、停车泊位需求的减少、加油和维修服务设施的减少，服务于小汽车方式的土地需求也随之减少。

二是减小小汽车使用量。经过调查发现，放弃使用小汽车，加入汽车共用组织后，每年将减少小汽车出行距离 6 700 千米，约占原来出行距离的 72%。造成城市交通拥堵很重要的一个原因是机动车使用量的增大，而小汽车共用能够减小机动车数量，逐渐减弱城市机动化产生的不良影响。

三是可以减少居民日常出行费用。和个人开车相比，小汽车共用确实可以降低很多费用，这笔费用涉及在买车、买汽车保险以及停车上花的钱。

四是有助于提高公共交通的出行比例。小汽车共用组织成员使用共用汽车的时间越少，意味着其选择其他交通方式（如步行、自行车、公共交通）的时间越多，选择最多的自然是公共交通。

五是会产生相应的节能和环保效应。私人小汽车出行者加入汽车共用组织后，小汽车利用率会提高，污染物的排放量随之降低，环境也会因此得到改善。

小汽车共用一方面使没有小汽车的人们有机会使用小汽车；另一方面又使拥有小汽车的成员节省了出行的费用。从瑞士实践经验来看，这会促使人们更多地使用公共交通，仅在必要的时候使用共用小汽车，减少了不必要的小汽车出行。

中国是一个人口大国，因此采取这种方式产生的效果会比其他人数少的国家更好。同时，从民众的角度来看，这种方式减轻了中国很多没有汽车家庭或纠结于是否买车家庭的生活压力。由于小汽车让人们看到了各种效益，我国可以参照瑞士的做法，由国家引导，慢慢地让大众接受这种方式。

近来，由于养车成本一路攀高，与小汽车共用类似的一种几个人搭伙拼车的出行方式在国内大城市流行，甚至还出现了专门的拼车软件，有人称之为第四种交通方式，其他三种分别为出租车、公交车和私家车。

拼车从它诞生的那一天起就不乏责难之声，有人觉得拼车有很多缺点，如危险性高、干扰公交市场和出租车市场的发展等，但是国家支持它的发展，证明拼车有其无可替代的优点。第一，这样的方式为我国的经济增长贡献了一部分力量，也响应了资源节约型和环境友好型社会的号召，而且方便居民的生活和出行，减轻居民的生活压力。第二，这样的方式并不会引起恶性行业竞争，相反，拼车对社会交通工具进行了合理、有效的分工。首先，在日常高峰期，拼车的方式可以缓解交通压力，分担公交车不能完成的职能。其次，因为人们大多还是选择公交车上下班，所以对出租车没有多大影响。再次，对大多数人来说，这种方式很节约。在信息化时代，寻找一个和自己意愿相同或者目的地相同的人是很容易的。大家各取所需，并且能节省自己的时间和金钱，何乐而不为呢？最后，拼车为消费者带来巨大的利益。相较于拥有私家车，拼车消费更低，这也影响着一些想买车的人的心理，使他们不再急于买车。所以，政府不仅不应当遏制拼车行为，反而应该采取措施规范、鼓励私家车的拼车行为。因为拼车有益于社会的发展，在社会治安和环境保护上发挥着重要的作用。

四、调控与引导私人交通工具的发展

目前，大多数城市的私人交通工具以家用小汽车、自行车和摩托车为主。私人交通工具出行比较方便，不受线路和时间的限制。

分析交通发展的态势，在很长一段时间内，我国只能走以公共交通为主体，自行车、家用小汽车交通为辅的道路。这在根本上还是离不开国家政策的支持和配合。而对于居民来讲，他们会在出门之前综合考虑全部交通工具的利弊，时间、路程、方便、人体舒适度等因素。政府要有效分析利弊，着重针对这些因素进行政策上的支持，不能固步自封，墨守成规，要与时俱进。通过分析各个国家或地区的发展战略，私家车的发展战略可以分为以下三种类型。

一是控制型，以新加坡和中国香港地区为代表，主要是控制发展。

二是自由型，以美国为代表，倡导自由发展，小汽车可以自由发展。

三是导向型，日本、西欧国家多属于此类，政府的政策导向是基础，由政府来引导小汽车向所希望的方向发展。

在我国，在很短的时期，私家车高峰到来，导致各大城市车满为患，这实际上也与国家政策密切相关。汽车工业在我国是支柱产业，即便是在国家有意向限制发展的前提下，汽车行业实际上仍在不断地发展。因此，汽车的生产和销量非但没有减少，反而越来越多。国家在限制使用汽车的同时，并没有限制人们购买汽车，所以，这样的政策实际上是不完善的。我国在汽车发展战略上不能一味参照西方国家的发展模式，应该根据国情，走实事求是、因势利导的道路，要适当限制其生产发展。城市要积极配合国家出台的政策，自行制定一些适当的条例，在解决城市交通问题的同时，支持我国支柱产业的发展。

　　驾驶私家车是个人行为，也是社会行为。政府也应该对此承担必要的责任，对社会负责，对居民负责。政府应综合考虑政治、经济、文化等方面的发展，进行相关的规划。

　　美国经济学家阿罗通过严密的数理推导提出"阿罗定理"：整个社会的利益不只由市场主体自身决定和满足，还需要有一个凌驾于这之上的正义裁判来鉴别和下定论。因此，在自主、平等的市场体制下，只满足个人利益并不意味着整个社会的利益也被满足了。"阿罗定理"是阿罗获得诺贝尔奖的主要成果，它的提出震动了全世界的经济学家、政治学家和社会学家。其实，"阿罗定理"恰好可以证明，中国早前实施的计划生育政策是一项符合中国国情的合理政策。"阿罗定理"也揭示，目前的中国应该由一个超越于市场主体的"裁决者"识别和确定"控制私车"的政策。

　　我国应遵循实事求是的原则，按照私家车的分布状况收取一部分相应的费用，同时不断完善相关政策，引导居民形成"购买小汽车不只是购买了车辆这一物品，而是同时租用了城市道路系统"的思想观念，以燃油税、轮胎税等方式增收小汽车使用道路成本费或使用税，利用经济杠杆衡量和调整小汽车的需求，使城市交通方式符合城市交通设施供应水平。政府应该在政策上起带头作用，引导人们积极适应新型交通方式，引导私家车健康有序地发展，在一定程度上对私家车进行一些限制，在车位和单行线上进行合理的规划，在特定的路段要进行限速，在特定时间进行限号，逐步减少人们对私家车的依赖。

第五章 城市公共交通优先发展策略

第一节 完善城市公共交通法规体系建设

国际城市在城市公交立法方面的主要做法和经验如下。

第一，高度重视城市公共交通的立法工作，将城市公共交通的发展纳入法制化和规范化的轨道上来，并且建立国家和地方两个不同方面的密切相关、相互配合的公共交通法律体系。

第二，在立法上明确政府的主导责任。通过立法把发展城市公共交通置于战略性的主导地位，并在此基础上界定了各相关主体的责任，包括政府在交通管理、设施建设、城市规划、财政政策、用地保障、属性定位等方面的责任。

第三，通过立法使公交企业的经营方式方法得到有效引导和规范。公共交通运营企业是城市公共交通的经营主体。许多国家和地区的法规将规范企业的经营行为作为立法的重要内容，明确了企业经营的关键制度。

第四，立法保障乘客的合法权益。将乘客的权利与义务作为重要内容加以规定，其中特别强调保障乘客的合法权益。同时，特别重视保障弱势群体的权益，要求政府必须为残疾人、老年人、孕妇等弱势群体提供便利的公共交通出行服务，建设一些公共交通无障碍设施。

第五，立法保障公共交通的运营安全和服务水平。通过立法对各相关主体的安全管理职责、车辆技术条件、场站设施、应急安保设施等进行了明确规定和要求，为交通安全提供可靠的保障。此外，世界各地大多数发展较快的城市建立了公交服务质量管理制度和监督机制，对公交企业的软件、硬件环境提出了明确要求，督促企业不断提升自身在公共交通上的服务水平。

1964 年，美国联邦政府通过了《城市公共交通法》，为了维护已有的公共交通系统，同时为了完善相关的服务，向各地区规划项目承诺提供拨款资助，其中最高的数额可以达到项目总费用的 2/3 ; 1970 年, 通过了《城市公共交通扶持法》, 规定公共交通具有道路专用权或优先权; 1991 年的《综合地面交通效率法》, 要求制定州和大都市范围的长期交通规划, 要求重视自行车、小汽车以及公共交通等的协调和配合。1998 年通过了《21 世纪交通平衡法》, 鼓励轨道交通、公共汽车、城市地区低速磁浮技术的研发工作, 并确定建立城市公共交通发展专项基金。

法国政府近年来颁布了一些与城市公交相关的法律, 其中《国家城市振兴协作法》主要强调城市各项政策的协调配合, 包括城市道路空间的合理利用、在道路使用上给予公共交通优先权、在财政投资方面为公共交通建立稳定的投资渠道等。《国家城市振兴协作法》和《空气清洁法》这两部法律都充分体现了政府在优先发展城市公共交通方面的引导作用。

英国的与公共交通相关的法律主要有《1985 年交通法案》《2000 年交通法案》《新质量鼓励承包法》《2002 年交通法案》《2008 年交通运输法案》等。英国十分重视公共交通相关法律法规体系建设, 同时保障乘客的合法权益, 建立公共交通运营安全、服务水平监管制度等。这样的举措可以有效规范相关企业的经营, 促进了城市公共交通的规范化和制度化发展。另外, 发达国家普遍有相应的机制规范各级部门对公共交通的投入措施, 有利于相关政策的实施。一些发展较快的地区在公共交通资金投入上也下了很大的功夫, 包括城市交通相关税费, 政府公共财政预算, 城市交通管理过程中收取的停车费、拥堵费以及公交设施用地综合开发所得收益等。

伦敦市政府为城市公共交通企业提供了专项资金支持。

首先, 伦敦市政府根据相关法律规定, 通过服务质量奖励的方式, 给予服务较好的公交企业一定比例的资金奖励。

其次, 对于偏远地区一些特定的、不以营利为目的的、具备公益性的公交线路, 政府给予运营经费资助, 而且通过服务质量招投标方式, 授予企业负责经营。2007 年颁布实施的《优惠巴士出行法案》规定, 从 2008 年 4 月起, 60 岁以上老人和残疾人可以在非高峰时段在全国范围内免费乘坐公共交通车辆, 地方政府对此予以专项资金补偿。

再次, 在公交企业的燃油消耗上给予一定的资金补助。英国运输部对地方的公交企业按照燃油消耗量给予一定的资金补助，一升柴油补助 49 便士，约占油价的 40%。

最后，伦敦市政府根据相关法律规定，通过服务质量奖励的方式给予服务较好的公交企业一定比例的资金奖励。此外，考虑到伦敦市的特殊性，英国运输部每年对伦敦市公共交通给予一定额度的资金补助。

巴黎市依据《公共交通法》设立了公共交通税，对在公共交通服务范围内职工人数超过 9 人的公营和私营企业（非公共交通企业），均需按工资总额提取 1.2% ~ 2% 的公共交通税。政府管理部门在一定上限内决定税率，从而保证公共交通发展有可靠的资金来源，需要交税的雇主所在区域由最初的巴黎城内区域扩充到 1991 年的整个巴黎大区。公共交通税收的 90% 以上用于支付公共交通企业的运营成本，剩余部分用于各项公共投资支出。公共交通税征收后，巴黎交通管理委员会每月分配给公共交通公司、轨道交通公司等交通企业，成为巴黎公共交通运营企业弥补亏损的重要资金来源。

美国政府为鼓励和引导公众乘坐公共交通车辆，通过提高私家车在各种业务和服务上的费用限制其发展，并且将收取的多余资金用于公共服务。纽约州一年约有 28 亿美元的交通特定资金来源，其中，40% 用于道路和桥梁的维护，60% 用于公共交通的运行。对本州内进口、销售的全部石油制品收取价格 17.7% 的机动车燃料税、货车质量和运距税、车辆登记费、许可费以及通行费等。

近年来，我国城市公共交通得到快速发展，技术装备水平不断提高，基础设施建设运营成绩显著，人民群众出行更加方便。但随着我国城镇化加速发展，城市交通发展面临新的挑战。城市公共交通具有集约高效、节能环保等优点，优先发展公共交通是缓解交通拥堵、转变城市交通发展方式、提升人民群众生活品质、提高政府基本公共服务水平的必然要求，是构建资源节约型、环境友好型社会的战略选择。为实施城市公共交通优先发展战略，2012 年 12 月 29 日，国务院发布的《国务院关于城市优先发展公共交通的指导意见》指出："发展城市公共交通，城市人民政府是责任主体，省级人民政府负责监督、指导，国务院有关部门要做好制定宏观发展政策和完善相关法规规章等工作。各级人民政府、各有关部门要按照职责分工，主动协调、密切配合，推动城市公共交通实现又好又快发展。"

第二节　实现城市公交的提速、扩容与提质

一、城市公交提速

公交路段提速是减少公交全程运行时间的重要手段，提速的关键是减少公交运行过程中社会车辆的干扰和进出站的延误，具体措施是建设公交专用网。

（一）建设路中式快速公交

针对上述问题，纽约、首尔、北京、广州、台北等 22 个城市均在高峰小时客流需求 1 万人次以上的走廊内建设路中式公交专用道，并扩容关键站台，优化拥堵节点，以实现公交服务可竞争。相比较路侧公交专用道，路中公交专用道具有"提速明显、站台扩容、与社会车辆干扰少、过街便利、工程简单投资少"五个特点。

特点一：提速明显。路中专用道可以减小左转公交对交叉口其他车辆运行的影响，也可以有效避免公交直行受路侧进出、路口右转车辆干扰。路中较路侧专用道能进一步显著将车速从 18 千米 / 小时提升到 25 ～ 40 千米 / 小时，提升车速40% ～ 120%。同时，路中式公交组织模式尤其适用于深圳市这类以道路交通直行为主的特点。右转公交在通过上游交叉口后即驶离专用道，停靠在下游相交道路站点，具有充足的交织距离，对道路运行和周边服务基本无影响；左转公交与社会车辆混用最内侧左转车道，无须切割车道，对社会车辆运行影响小。

特点二：站台扩容。路中公交专用道可不受相交道路、单位出入口、次支路开口影响，有条件布置足够规模的站台，减少大巴列车化现象，显著提升公交运能。以广州中山大道路中公交专用道为例，未改造前，大巴列车化严重，日客运量 52 万人次，改造后，路中公交专用道可布设较大规模的站台，实现断面客运量 2.7 万人次 / 小时，日客运量 80 万人次。

特点三：对社会车辆干扰少。路中公交专用道通过将路侧公交专用道移至路中，或通过局部拓宽道路、压缩车道等方式新增车道，对原有社会车辆通行能力基本无影响。

特点四：过街便利。路中专用道进出站可利用路口斑马线实现人流集聚，可利用天桥设施实现人流集散，可与轨道站出入通道充分衔接，打造公交、轨道站点和步行设施一体化慢行交通系统。

特点五：工程简单，投资少。路中专用道工程简单，仅通过施划标线、局部道路拓宽（1～5米）、增设路中站台、部分立体过街设施（与常规过街设施结合）即可实现，平均每千米造价约600万元。

（二）建设路侧式干线公交

路侧式干线公交走廊提升重点是解决专用道不连续的问题，需要先进行大规模的道路整顿，在道路的相应位置建立新的公交车站牌，并且要增设专门的公交车道，完善道路的基础设施，使公交提速。受道路宽度、进口道车道分配等因素影响，公交专用道在道路资源紧张路段和进口道处不连续现象较为突出，对公交运行车速干扰较为严重。路侧式干线公交提升的核心目标是确保公交专用道的连续性，主要治理手段除了常规性的站台扩容外，还包括增设公交专用进口道、通过道路改造增设路侧公交专用道等。其中，扩容站台方式主要包括设置分站台、浅港湾化改造和深港湾化改造。道路改造主要针对现状道路断面不足（双四或高峰时段较为拥堵）、高峰时段公交需求较大的通道通过压缩车行道、绿化带宽度等途径实现公交专用道的完善。增设公交专用进口道，主要在信号交叉口处根据主要公交流向设置不同形式的公交专用进口道，以保障公交专用道在路口的连续性，进而保障公交运行车速。根据设置形式，公交专用进口道主要包括直行公交专用进口道、左转公交专用进口道和双公交专用进口道等。

（三）建设路侧式局域公交

例如，深圳市金田路为路侧式公交干线，是深南大道与红荔路的重要连接公交走廊，同时承担深南大道与深圳书城、市民中心、少年宫等大型公建设施的客流联系。通道上公交线路为17条，其中，金田路左转福中路的公交线路为9条，直行公交线路为8条。现今金田路缺乏公交专用道设置，高峰时段公交车与社会车辆干扰较为严重。

为保障公交运行速度，提出对金田—福中路口进行公交专用进口道改造，包括增设金田路直行专用进口道、完善相应标线、增设公交专用道提示标志等措施，保障公交车在交叉口的路权，提高公交专用道的可辨识性。项目实施后，公交车辆在此进口的平均延误由 23.5 秒降低为 18.8 秒，运行效率得到提高。

二、城市公交扩容

针对公交站台大巴列车化、场站设施不足等问题，深圳通过扩容公交站点、完善公交场站布局、增设路内换乘枢纽和路内调度点等方式，构建四层次场站供应体系，实现公交扩容。

（一）扩容公交站点

站台规模是决定公交通过能力的根本。公交站点周转能力不足，或缺乏专用落客区，不仅造成公交车列车化，增加公交行程时间，也干扰了其他车辆运行，带来次生拥堵，特别是对交通拥堵较为严重的道路影响尤为严重。只有提高关键站点的客容量，才能满足日益增长的出行需要，达到缓解交通拥堵的目的。公交站点根据形式分为非港湾式公交站（直线型公交站）、浅港湾式公交站、深港湾式公交站和多站台公交站，不同站台形式的通行能力和设置条件各有不同。公交站点的一般形式为非港湾式公交站，分站台改造和港湾化改造是站点扩容的主要有效手段。

1.港湾化

根据《深圳市公交中途站设置规范》要求，虽然港湾式中途站的适用范围很广，但是其对道路的级别仍然有很多要求，大到主干道，小到次级道路，都应匹配相应的硬件设施，具体要求如表 5-1 所示。深港湾以及浅港湾是港湾式停靠站的主要形式。如果社会车辆与公交车辆共用同一车道，公交车辆在站点停靠的时间过长，就会造成交通拥堵，或者影响人们正常出行。在公交停靠站附近拓宽站点的面积，而不是让公交车直接停靠在共用车道上，可以减少对交通的干扰。

表5-1　港湾式中途站设置原则

设置条件	设置类型
并站公交线路超过 5 条	港湾式
高峰小时上车客流量大于 500 人	港湾式
在没有公交专用道的道路上，车辆饱和度大于 0.6	港湾式

续 表

设置条件	设置类型
在有公交专用道的道路上，公交车流量每小时大于 60 标准车当量数，且同向非公交专用道上的车辆饱和度大于 0.6	港湾式
公交停靠线路超过 10 条，或高峰小时乘客上车超过 1 000 人	深港湾（双港湾）
公交停靠线路超过 16 条，或高峰小时乘客上车超过 1 600 人	深港湾（三港湾）

2. 分站台

根据相关规范规定，设置同名公交站，该站位于道路平面交叉口时，换乘距离应为 150～200 米，异向换乘距离应低于 100 米，同向换乘距离应为 25～50 米。欲设置一个同名公交站，公交停靠路线要在 10 条以上，高峰小时的客流量不低于 1 000 人；想要设置两个同名站台，公交停靠路线要在 16 条以上，高峰期小时乘客在 1 600 人以上。分站台停靠站是指在同一个客流集散点设置多个站名相同的公交中途站。与减少原车道社会车辆对公交进出站的干扰不同，分站台改造的重点是提高站台同时停靠公交车的数量，减少大巴列车化现象。

（二）完善公交场站布局

公交场站是公交线网优化的关键保障设施。近年来，深圳市公交场站设施严重不足，制约了全市公共交通的发展，而且受土地利用价值提升的影响，独立占地公交首末站建设难度加大，公交场站建设难以推进。因此，深圳市借鉴香港等城市的先进经验，改变原有独立占地和功能集中型的场站模式，大力推进配建型公交场站和综合型公交车场建设，并增强公交首末站服务性。具体治理手段包括推进配建公交首末站及公交综合车场建设等。

近年来，在借鉴国际及国内先进城市经验的基础上，深圳市大力推行配建型公交场站的建设，《深圳市城市规划标准与准则》（以下简称《深标》）明确规定："公交场站设施规划建设应在满足功能的基础上，体现集约用地、以人为本、适当预留未来发展空间的原则。首末站应尽可能靠近公交出行密集区，鼓励首末站建设采用附设方式。公交综合车场应尽可能远离城市中心区，采用立体多层形式建设。"深圳市还出台了《深圳市大型建筑公交场站配建指引》《民用建筑配建公交场站设计导则》，对建设项目的配建型公交场站规模、设施布局进行了详细的规范指引。在此基础上，结合轨道站点、城市更新、新建项目，深圳市积极探索并落实配建公交场站建设。目前，场站中心运营的62个公交场站中有16个配建型公交场站，其中，结合枢纽及轨道站点的接驳枢纽9个，建设项目配建的7个，同时正积极推进安托山、李朗等5处公交综合车场建设。

（三）增设路内换乘枢纽

近年来，随着公交需求的增加，快、干、支三层次公交线网逐步形成，由于各层次线网功能不同，线网之间（尤其是快线与支线之间）形成多个结构性换乘点，高峰时段换乘需求强烈，因此需要构建以换乘枢纽点和公交场站为基础的公交换乘体系，并以高效、快捷、舒适为目标。

由于存在土地资源的约束，城市很难在短时间内按照传统模式进行大规模的公交场站和路外换乘枢纽点的建设开发。相比之下，路内换乘站占地少、建设成本低、周期短，可在道路条件许可的路段设置道路红线范围内用地，快速实现公交内部不同方向、不同层次线路之间的无缝高效换乘。

公交路内换乘点通过利用道路红线范围内用地，设置多个简易公交始发站，用于不同方向、不同类型线路的高效衔接，解决公交换乘点场站不足问题，提高公交系统的网络效率。与普通深港湾式公交停靠站相比，路内换乘枢纽站更好地实现了公交支线和干线的转换功能。周边社区居民可通过乘坐不同支线抵达换乘站，再换乘干线前往市中心区，原先需要绕路以扩大覆盖率的公交干线得以部分"截弯取直"，令公交整体运行效率得到提升。同时，公交路内换乘点具有投资小、协调范围小、易实施、贴近出行需求集散地及符合市民出行习惯等优点，能够在短时间内有效缓解公交线网衔接换乘不足的问题。

（四）增设路内调度点

公交场站设施建设严重滞后于公交客流需求的增长，导致公交车辆停放困难、公交线路难以优化调整、新能源公交车辆无法投放等诸多问题。面对近期公交场站缺口，需要采用灵活的、临时的手段给予补充。

路内调度点是指利用城市闲置用地以及部分道路资源设置简易公交始发站，主要用于解决中心城区公交场站设施不足的问题，是公交场站系统的重要补充。一般通过既有公交停靠站深港湾化改造，或利用路边空地，增设路内调度点，为线网优化提供条件。

三、城市公交提质

（一）多样网络

随着居民收入水平的逐渐提高以及社会经济的不断发展，市民的出行需求以及出行方式日益多样化。2007年，深圳市公交改革针对服务层次率先在国内启动了"快线—干线—支线"三层次公交网络建设，这个一体化公交服务体系包含"三个层次、三级线网、三种颜色"等内容，逐步实现"网络分层次、线路分等级、车辆分颜色"，并且建设适应特殊时段、片区需求的高峰线、夜间线、假日线及定制公交等线路。目前，已累计开通"三层次"公交线路879条，新增或改造形成快线35条、干线506条、支线245条、高峰线71条，在一定程度上有效提高了公交服务水平。2014年，为满足市民个性化的公交出行需求，新增16条定制公交线路。

公交快线主要承担外围组团与核心城区之间的快速公交联系。目前，公交快线在速度和服务范围上存在较大不足。快线优化重点依托三级公交专用网体系，重点选取道路交通运行较好的高、快速路和部分干道敷设，末端延伸至主要大型居住区、办公区或主要换乘枢纽，充分体现快线的快速直达功能。

公交干线主要承担中心城区东西向及跨二线关轴向之间的公交联系。目前，公交走廊上关键站台周转能力不足，制约了公交干线服务水平的提升。干线优化要重点结合新彩通道等重要通道建设和站台扩容，合理扩大公交运力，提高干线公交的运输效率。

公交支线主要承担城市各片区内部公交联系，并为公交快线、公交干线提供接驳功能。具备衔接片区商业集中，与多轨道交汇，并向轨道空白覆盖等条件的接驳线路客流接驳需求强烈。支线优化重点协同全市积极推进的轨道二期、三期站点周边接驳设施建设。

公交高峰线为公交干线的补充，主要服务高峰时段居民通勤出行。随着职住分离的加剧，高峰时段中长距离通勤客流成为主要群体，需要重点结合新增居住区、办公区，增加高峰运力，提高高峰线可靠性。

定制公交线主要满足乘客个性化、高品质出行的需求。随着人们生活水平的提升，多样化的出行需求日益增加，公交服务需要在提供基础服务的同时，满足市民高品质、个性化的出行需求。定制公交通过特定的电商平台，整合零散、个体出行需求，通过在线购买方式，由符合条件的旅游包车按照约定的起始地、目的地和时间，完成包车服务，满足个性化的出行需求，引导自驾车人士乘用大容量的集体运输车辆出行。

（二）服务考核

为切实提高深圳市公共交通服务水平，加强政府对公共汽车行业的监管，市政府要求用财政补贴激励经营者，鼓励经营者重点提高服务质量，并逐渐形成相应的良性循环激励机制。2010年4月出台的《深圳市公共汽车特许经营企业服务质量考核办法》（以下简称《考核办法》），从法规层面对公共汽车行业服务质量考核工作做出了规定，对公共汽车行业服务质量考核结果与补贴挂钩进行了明确的规范和细化。公交服务质量考核工作进入实质性操作阶段。

根据考核要求，公交行业服务质量考核将作为一项常态化的工作，由第三方机构实施，按年滚动进行。在此基础上，完成了《深圳市公共汽车特许经营企业服务质量考核操作手册》的编制工作，该考核操作手册明确了考核指标内容、评分标准、考核流程，是开展服务质量考核的规范性文件。

根据该考核操作手册，目前实施的服务质量考核指标体系共分为10大类，20项分项指标。各项指标评分计算公式：各项指标考核得分＝各项指标检查分值 × 各项指标权重，如表5-2所示。

表5-2　考核指标体系各项指标分值换算

考核内容	考核指标		检查分值	权　重	实际得分	
一、资料报备	1. 五年经营服务滚动计划		30		0.9	
	2. 年度经营报告		40	100　3%	1.2	3
	3. 日常经营记录		30		0.9	
二、服务设施	4. 车辆标识		45		4.95	
	5. 车型车况		30	100　11%	3.3	11
	6. 设备投入及使用情况	设备投入情况（10分）	25		1.1	
		场站使用情况（15分）			1.65	
三、经营管理	7. 线路开设和调整		75	100　8%	6	8
	8. 公司直接经营		25		2	

续 表

考核内容	考核指标		检查分值	权 重	实际得分	
四、服务投诉	9. 投诉率		90	100	12%	10.8	12
	10. 投诉处理及时率		10			1.2	
五、安全管理	11. 违章率	交通违章率（25分）	45	100	18%	4.5	18
		营运违章率（20分）				3.6	
	12. 事故率	万车事故率（20分）	55			3.6	
		万车死亡率（35分）				63	
		重大责任事故次数（达标）				达标	
六、劳资关系	13. 劳资纠纷	劳资纠纷时间（75分）	100	100	4%	3	4
		员工对企业满意度（25分）				1	
七、企业形象	14. 线路停运		60	100	5%	3	5
	15. 瞒报、谎报材料或事故		40			2	
八、政策执行	16. 责令整改	责令整改次数（60分）	80	100	14%	8.4	14
		整改不合格次数（20分）				18	
	17. 指令性任务完成情况		20			2.8	
九、第三方评价	18. 乘客满意度		20	100	25%	5	25
	19. 服务专项调查		80			20	
十、附加分	20. 政府部门及媒体通报表扬或奖励		100	100	5%	5	5
合计			1 000	–		105	

注: 考核理论满分为105分。其中,基础分为100分,附加分为5分。基础分和附加分之和超过100分,考核得分以100分计。

现阶段考核办法的财政补贴中，服务质量调节部分占30%。下阶段将研究加大服务考核与成本规制补贴挂钩比例，使考核办法的分数对补贴更为敏感，客观上要求企业更加注重考核评分，提高服务质量水平。

（三）"四站"改造

公交"四站"是指站亭、站台、站牌和站架等公交站的重要设施，主要为乘客提供舒适的公交候车环境、停靠公交线路信息、公交位置指引等服务。由于"四站"建设投资大、维护成本高，缺乏"四站"设施的"裸站"在国内城市中普遍存在。

深圳一直持续推动公交站的标准化建设，并形成了经济可持续的公交"四站"BOT建设模式。BOT模式是指政府与建管维护单位进行合作，实现"四站"规范化管理经营的一种模式。政府将"四站"经营权下放给建管维护单位，不仅减少了政府的开支，还使建管维护单位在改造、巡查、迁移、清洁、更新、维修以及保养过程中的主动权更大，其将站台1/4的版面用于公益宣传，将其他车亭的灯箱版面定期更换来获得利润，并且承担维护和保养的责任。在BOT模式下修建的车站使民众的生活更加便利，收获大量好评。

2014年，深圳重点针对原特区外实施公交"四站工程"提升行动，标准化升级改造350座简易公交停靠站，全市新一代公交候车亭达到2653座，基本实现原特区外主干道、次干道新一代候车亭全覆盖；常态化开展公交停靠站服务设施考核，以月度考核、双考核促进公交候车亭BOT建管维护企业完善停靠站管养工作；完善公交"四站"信息化管理系统，对全市900余条公共汽车线路起讫点、途经道路、停靠站点等信息进行现场核查，为乘客提供更清晰、更准确的乘车指引。

第三节　保障城市公共交通的合理化运行

一、积极发展快速大容量公共交通系统

许多发达国家及国际著名都市非常重视轨道交通在缓解城市交通问题上的作用。解决小汽车规模过度庞大以及小汽车集中使用造成的交通拥堵、环境污染问题，轨道交通无疑是首选。它以极高的安全性、准时准点、高载客率以及快速高效的优点完胜小汽车。以这些优点为基础，轨道交通还能进一步引导沿线的土地开发向集约化、高强度、高密度方向发展，使城市的发展模式及城市形态随之发生变化。

东京已建成覆盖办公、商业、居住等区域的，超过120多条地上和地下轨道交通路线构成的，世界上最为庞大的城市轨道交通系统之一。东京都市圈范围内，有国铁、城铁、地铁、轻轨等轨道交通线路约2000千米，承担了城市

80%的客运量。东京地铁系统运行效率很高，城区内高峰期发车间隔约为2.5分钟，郊区的通勤铁路高峰期发车间隔为6～8分钟。

无独有偶，同样在人口相对集中但是地域相对狭小的香港，轨道交通也对维持交通系统高效、有序、准时运转起着至关重要的作用。轨道交通虽然运行繁忙，但是却起到了极大地缓解交通问题的作用。轨道交通在香港交通系统中的作用远大于伦敦以及东京。香港轨道交通的载客率平均为5万人次（以年均每千米为单位），早在2012年，香港的客运量就保持着每年4.4%的增长率，并在当时达到了370万人次以上（按日均客流量计算）。人性化的优质服务，高度的安全性，杰出的地铁设计与规划，完善的后期维护、运营，使香港轨道交通获得经济利润在世界享有盛誉，成为世界最出色的轨道交通之一。

轨道交通也是巴黎最重要的城市交通方式，在城市交通系统中发挥着骨干作用。巴黎共有14条地铁线路，全长200多千米，日均客流量600多万人次。100多个地铁换乘站是连接不同线路的枢纽，使各条线路相互沟通，形成统一网络，从城区的任何一点到达地铁站不超过5 000米。同时，巴黎的市郊快速铁路非常发达，5条线路总长360多千米，成为横穿巴黎市区并覆盖东西、南北郊区的大动脉，也是连接郊区与城区的重要通道。

快速公交系统是与轨道交通系统并行的一个系统，具有提升城市交通服务功能的作用，这个系统同样能够起到缓解城市交通拥堵问题的作用。快速公交系统同样具有很多优点，在成本相对较低的情况下，还在后期维护上占有很多优势。构建快速公交系统是很便捷的，可以短期内构建一个灵活、完整的快速公交系统，为市民提供更多环保出行方式。虽然快速公交系统与轨道交通运营服务类似，但是前者可以设置专用通道，避免对城市用道的影响；同时引用智能现代化交通信息技术，实现拥堵地段避让；扩大使用大容量、新型公交，快速公交不是轨道交通的补充，而是可以与之并行的、特殊的，既区别于公共汽车、电车，又区别于轨道交通的城市客运系统。

发展中国家在快速公交系统这方面投入了巨大的力量。巴西的库里蒂巴就是使用公交出行的典型发展中国家中的大型城市之一。公共交通的使用率达到15%，在拥有较高的小汽车储有量的情况下，仍保持着极高的公共交通的使用率，得益于城市快速交通系统的构建以及发展。推动城市的交通结构不断优化，使城市的空间结构随着交通系统的发展而逐渐合理化，使其城市发展遵循带形、单中心、轴向以及放射状等主要发展模式。利用公共交通系统带动城市的建设以及发展，为公共交通管理制度的完善和发展提供典范和规范。

哥伦比亚首都波哥大所建立的高效城市公交系统，在改善城市交通状况方面起到了至关重要的作用。哥伦比亚政府起着号召和倡导的作用，具体经营细则由私营企业及社会企业负责实施，各司其职，极大地提高了公共交通系统的使用率，降低了私人交通工具的使用率。

加拿大渥太华 1974 年通过了一项城市发展规划方案，确立了快速公交系统的主导地位，将渥太华市中心作为商业、办公和文化的主中心，环线以外的地区则按市场规律发展，规划了若干个一级、二级"卫星城"，负有分散大城市交通等的职能。渥太华在对公共交通系统进行规划时，注重将公共交通系统融入到整个城市之中，使其与整个城市形成一个完整的运行系统，从根本上改变城市现有的交通运行状况，而不是仅解决拥堵问题，同时杜绝拥堵问题在其他地方发展。以公共交通规划为最主要手段，打破地面混合交通对构建快速公共交通系统的限制，保证即使在高峰运作时期，也能使运客量保持在 1 万人次左右。最终其以每日 20 万人次的客运量，成为北美交通运营系统中的"黑马"。

澳大利亚布里斯班的东南巴士专用道于 2001 年投入运营，东北巴士专用道于 2003 年投入运营。这种巴士专用道有公交专用路和隔离的公交专用道两种形式，专用车道总长达 19 千米。系统配有环境良好、设施完备的专用站台。布里斯班并没有专用的快速公交车辆，采用的是长 12 米或 18 米的普通公交车，以柴油或天然气为燃料，车辆有 2 个车门，采用左侧开门。东南巴士在投入市场后的 6 个月内就取得了不凡的成绩，在市中心保持着 175 辆的发车辆（按单向计算），保持着每小时 29 千米的速度，保持着 6 500 人次的客运量（按单向高峰时期计算）。这仅是 2008 年的战绩，今年的发展程度可想而知，以其极高的运营管理水平，吸引了中心区 45% 的乘客使用巴士出行。

二、大力加强公共交通基础设施建设

城市公共交通场站、枢纽等基础设施是城市公共交通系统的重要组成部分，是公共交通正常运营的基础条件。发达国家在开发建设城市的同时十分重视城市公共交通基础设施的建设，建立了完善的基础设施建设标准规范及管理制度，形成了稳定的公交基础设施投资渠道，有力地保障了基础设施建设的顺利实施。

我国政府在城市公共交通基础设施的建设上进行了较大投入，采取政府与社会资金相互合作的模式。以我国香港特别行政区政府为例，香港特别行政区政府高度重视居民区周围的基础设施的维护与建设，在提供产权和资金支持的同时，以租赁合作的方式让社会企业和私营企业参与到居民区公共交通基础设施的建设、维护以及运营过程当中，使其具有始末站、换乘枢纽、维护保养场、停靠站、停车场以及调度中心等完善的设施，为居民提供日益完备的服务。

公共交通基础设施建设对于地域狭小而人口密集的新加坡来说，同样至关重要。新加坡政府采取了政府与企业合作的模式，分为人口密集区以及偏远地区两条方针路线。对于前者来说，企业很难看到投资的利益，所以大部分设施的建设以及维护由政府直接负责和管理。而对于后者，企业能够积极地参与其中，政府也承担着管理和政策支持的职责。在第一批设施的建设中，许多运营公司获得了利益，并且在1995年之后获得了公共汽车的广告权，首批设施建设中的参与企业在第二批设施的建设中同样能够获利。设施建设需要增加的资金，由政府承担，相应的各个企业也要担负起车站的日常运营责任。

我国深圳市大力加强公共交通基础设施建设，规定新建道路、有条件的道路增加港湾式、深港湾式公交停靠站，一律按照高标准同步建设公交停靠站，以此改善居民乘车和换乘环境，并在候车区新建公交候车亭。截至2012年年底，全市共有公交候车亭1 509座，基本实现特区全覆盖。

2012年，深圳市出台的《深圳市城市交通白皮书》进一步强调要加快各类客运枢纽，如公交接驳场站、常规公交场站、公交停靠站等设施建设。

我国成都市在落实公交优先发展政策的过程中，不仅注重综合利用公共交通基础设施，在公共交通基础设施硬件建设方面也不敢松懈。成都德源公交场站综合体（成都首个公交场站综合体）于2012年建成，集购物、餐饮、影院等功能于一体，为市民出行提供便利的公共交通服务，还丰富了区域商业结构，减轻了城市交通负担，还使市民享受到优质的文化生活和商业服务。

三、全面提升公共交通服务品质和吸引力

根据许多发达国家以及发展中国家在公共交通方面的实践和经验总结不难得出，要想全面提高公共交通的服务品质，必须提高信息化服务，同时不忘紧跟居民需要，紧抓路权保障以及基础设施建设。对于我国而言，更应该为公共交通系统的发展扫清障碍，以为居民提供更加优质、更加贴近需要的服务为目标，努力对公共交通系统进行改进，满足居民日益增长的需要。

1975 年，为吸引小汽车使用者尽量使用公共交通，高峰时段新加坡巴士公司在私人居住区采用单一收费方式，提供快速直达公交服务（"蓝箭"式服务）。不仅如此，为确保为居民出行提供优质和安全的服务，政府对公交车的使用年限进行了规定，维修和养护频率为 6 个月一次，超过 15 年的公交车不得继续使用。同时，考虑到不同人群出行的需要，公共汽车站的出口及入口均设有自动检票机以提高出行效率，为方便残障人士使用公共交通出行专门进行了人性化设计，不仅提高了居民的用户体验，而且提高了居民的出行体验。空调等设施的安装也让公共交通更具吸引力。德国城市十分重视为公众提供多元化的公共交通服务，主要采取了延伸公交服务、开展特色公交服务等措施。

四、切实保障公共交通车辆优先通行

发达国家一向重视在建设公共交通系统中运用公交优先通行信号以及公交专用道，从这两方面入手，不仅有效地提高了城市公共交通系统的使用率，更使公交优先通行信号设施和公交专用道的规划和建设朝网络状方向发展。可见，提高城市公交运行效率以及服务水平和吸引力，离不开公交优先通行信号和公交专用道的建设。

新加坡十分重视公共交通优先通行权的保障，大力加强公交专用道的建设。从 1974 年开始，新加坡建成了 110 多千米的公交专用道。据调查，公交专用道使公共汽车平均速度提高了约 15%。新加坡公交专用道设置的标准如下：加强对路边停车的管理，每个方向至少有 3 个车道，每小时至少有 50 辆公共汽车使用该道路，为减少转弯车辆和出租汽车上下客的影响，需要在公交专用道上设置一些隔离或警示标志设施。为提高运营效率，韩国同样采取了设

置公交专用通道的方法，将首尔市内的公交专用路线设置为两种：固定专用道为红色；分时段专用道为蓝色。这项措施使公交车辆的乘客数量占比增长到了38%，最低增长率也达到了15%。运营速度也相应与之提升。在布局上，虽然以主城区为中轴，但同时不放弃对京畿地区的管理，使公交线路以放射状辐射京畿地区，逐步实现公交改革。

自1993年开始，在英国伦敦市区内，大部分主干道和次干道上均设置了公交专用车道，并在建设公交专用道上投入了大量的资金。许多只有3条车道的道路上也设置了公交专用道。有的路段即使是单行道，也设置了"逆向公交车道"，充分体现了公交车辆的优先通行权。在加快建设公交专用道的同时，伦敦充分利用公交车载视频监控设施、道路监控设备等信息技术手段，加强对公交专用道使用过程的监管。

20世纪70年代初，由于私家车急剧增加，法国巴黎设置了480多条供全天使用的公共汽车专用道，取得了显著效果，公共汽车的运营服务质量显著提高，运营速度提高了20%～30%，油耗节省了6%～7%，并减少了20%～40%的废气排放。

五、实施科学合理的公共交通票制票价

为了引导居民养成长期、稳定使用公共交通系统出行的习惯，国际上许多城市都在票价建设体系中给出了优惠和引导，如公共交通换乘实施票价优惠、科学合理的比价关系、建立差别化、多层次的票价体系，并以运送距离、不同类型乘客的需求特点、服务质量以及车辆档次为标准。形成票价实时调整的机制，以物价水平和劳动工资水平、公共交通票价与企业运营成本以及城市经济发展状况为标准对票价进行调整，同时考虑公众接受程度、财政能力、市场的调节作用以及企业的经营成本问题。这些无不体现了在国际上已经逐步形成的完善的公共交通调价和定价机制。

（一）科学规范的定价调价机制

在新加坡，调整公交票价的权力不在政府手中，而是由独立的机构——公共交通理事会来掌控。其对票价的制定遵循三个原则：第一，票价不固定，随着运营成本的增加定期调整，并且在公众的承担范围之内；第二，必须有可持续的资产置换政策；第三，公司的经营成本必须在公司能承担的范围之内。公

共交通理事会在长期的票价管理之中，还总结了一个经验公式来以方便日常票价的调整。总得来说，公共交通理事会不直接对票价进行调整，而是对票价审查公司提出合理的建议，同时保证相关部门的经济利益并创造一定的社会价值，从而使双方达到适度平衡。

英国的公共交通票价近年来一直处于波动中，这与英国政府 1980 年取消了政府对公共交通服务价格的管制有很大的关系，票价在很大程度上由市场决定。2010 年，伦敦市地铁票价上涨了 4%，公共汽车票价的上涨幅度达到 12%。受市场因素影响，英国的公共交通票价增长幅度总体高于物价上涨水平。虽然票价处于不稳定的状况之中，但是公交公司有更大的自主权，使定价、调价机制处于灵活变动之中。

我国香港运输署规定了每季度的票价调整幅度，并且用公式计算，香港特别行政区政府也有权启动票价下调机制。这既保证企业有合理回报，又尽可能让利于民。我国香港特别行政区建立了灵活的公共交通票价调整机制，将诸多因素纳入了考虑范围，如市民的接受程度和负担能力，对企业未来成本、收益和回报的预测，企业的服务质量，企业经营成本和收益的变动，巴士公司需要得到的合理回报率等。各公交公司可以自行决定何时提交加价申请。

（二）灵活多样的票制票价体系

伦敦市的公共交通车票实行阶梯式票价制度，一般情况下，高峰时期的票价高于普通时刻的票价，一天之内不同时间段的票价也不一样，不同车种的票价也各异。车票的种类更是多种多样，包括针对学校教师、学生推出的学期票，一周内有效的周票，一天之内有效的两地往返票，月票、季票、年票，一天之内在一定区域内不限次数乘坐的日票。德国公共交通在票制上实行了单一票制，乘客只需购买一次从起点到终点的车票，即可任意选择各种交通方式出行，前提是乘客需购买相应类别的车票。影响车票价格的因素主要是车票的种类和乘客出行的区间范围。车票按使用人数分为单人票和团体票两种，按照有效期分为单程票、日票和长期票三种，这两种车票分类方法相互组合，构成了德国公共交通联盟内丰富多样的车票类型。此外，德国公共交通联盟还与旅游景点合作推出了门票和公交车票一体的联合票，针对大型活动推出了会议票、优惠的儿童票等。德国公共交通联盟根据区域范围将服务范围划分成若干区域，不同区域票价有所不同。

六、规范城市公共交通运营管理

适当控制进入者的数量和规模，加强城市公共交通市场准入和退出管理，并建立规范的公共交通服务质量考评制度，督促城市公交企业不断改进服务，是政府进行公共交通系统管理的一个重要目标。政府一方面建立完善的机制控制进入该行业企业的数量；另一方面积极地引导该行业科学发展。虽然政府管理公共交通系统的手段多种多样，但是最重要的保障仍然是建立一个适合该行业发展的运营管理制度，通过制度明确企业和政府之间的责任，给予企业经营权的同时，敦促其承担相应的责任，从而形成科学的经营模式。

（一）建立规范的公共交通经营管理制度

英国伦敦市政府经历了长期的公共交通系统建设和运营之后，也开始走向了运营改革道路，在1984年通过的交通法案里，该政府不再直接管理公共交通运营系统，而是将管理者确定为伦敦公共汽车公司和伦敦市交通局。由这两个机构代表该政府，对市区公共交通运营系统进行管理和控制。前者代表政府明确规定所提供的服务内容和要求，选择符合条件的相关企业。竞标成功的企业不仅会获得自主经营的权力，同时可以获得政府相应的资金支持以及政策支持。这样一来，企业建设公共交通措施的自主性、积极性自然大增。当然，从社会上招募的经营公司也不是一直可以承包这个工程，每年伦敦公共汽车公司都会对社会企业的经营资格进行审查，并及时做出相应的淘汰，之后再次面向社会重新进行企业招募。伦敦汽车公司还会不定期对部分线路的服务质量进行评估，并以此为标准对公司进行淘汰，这样可使经营公司树立警惕意识和敬业意识，使运营企业处于动态的竞争替换之中，从而让整个行业焕发生机。

巴西库里蒂巴在城市交通管理的过程中结合了政府和私营企业的力量。政府负责城市公共交通系统的监管和管理，部分参与其中的私营企业直接负责实际的运营，不同的私营企业在竞争过程中整体推动全行业的发展。在合作之初，政府会设定一定的运营标准，超过该标准的资金将作为下一个阶段完善公共交通的资金；否则由政府进行补贴以支持私营企业继续运营下去。在运营时，政府提供的是经营合法权的认证，而企业参与其中，必须在现金以及磁卡和月票收入上全权服从国家的安排，保持运营的透明以及可监管性，这就确保了政府对28家私营企业的运营状况的全面了解。在收缴上来的资金的支配上，运营里程多的企业收益自然高。此外，每个企业都要向政府缴纳票款的 4% 作为管理费。同时，城市公共交通公司受政府委托对线路、车辆和道路交通（包括交通信号控制）、场站进行管理。而后者则负责将具体的公共汽车运营服务通过招投标委托给各公共交通企业。

新加坡将轨道交通与公共交通混合经营，为轨道交通和公共交通的一体化发展创造了条件。新加坡巴士有限公司（现更多为新加坡新捷运有限公司）主要经营公共汽车业务，新加坡快速城市轨道交通公司主要经营地铁业务。两个公司各司其职，同时在交叉领域中相互合作。两家公司虽混合经营轨道交通和公共交通，但又各有侧重。两家公司必须接受陆路交通管理局和公共交通委员会的审批，并提交详细的经营和管理计划。从 2008 年开始，新加坡开始将市场机制引入公共交通市场的运营中。政府把不同线路"捆绑"招投，由陆路交通管理局负责线路规划。在这种方式下，公交运营公司可逐步实现独立自主经营，自负盈亏，逐渐摆脱对政府财政补贴的依赖。形成了新加坡快速城市轨道交通公司和新加坡巴士有限公司自负盈亏，自行承担车辆维护和折旧费用、运营成本以及更新成本的局面。政府只对基础设施负责，具体的经营计划则由企业自身负责，企业不得不从自身利益出发，不断追求服务品质的提高。

巴黎公共交通则是以国有为主。当地政府于 1994 年设置了巴黎公共交通总公司，公司董事会由 27 个人组成，其中相关法律法规代表 9 人、雇员代表 9 人、政府代表 9 人。由他们共同对巴黎市区的公共交通进行管理，如公共汽电车和有轨轻轨交通、部分市郊快速铁路以及地铁都在其管辖范围之内。

（二）加强城市公共交通市场准入退出管理

加强对城市公共交通的管理，必须根据行业发展状况建立合理的发展运营机制，不能仅停留在传统的终身运营制度上，要使参与公共交通运营的各个企业之间形成良性的竞争机制，从而使整个行业的服务水平随之提高。很多城市都注意到了相关法律法规以及规范的公共交通系统运营机制的重要性，这推动了公共交通系统运营规范和标准的制定，推动其向高水平方向发展。

1991 年，芬兰颁布的《国家乘客交通法》规定运营企业可以进入公共交通的经营过程中，但前提是要接受赫尔辛基都会地区议会以及市政管理机构的严格要求与管理。该法对参加运营的企业提出了严格的法律审核条件，制定乐严格的公共交通工作人员审核标准，以确保行业的规范性以及发展的长久性。赫尔辛基都会地区议会制定的公共交通准入条件包括以下几点：① 合同期限。第一个竞争性招标合同年限为 3 年，当合同期满后，每 2 年招标一次，经过多年的经营，现在的合同期限改为 5 年。② 车辆要求。对车辆的座位数、座位之间的间隔、车门数量以及其他会影响服务质量的车辆特征，如为残障人士和婴儿准备的座位、安全设施、照明设施、信息发布等都有明确的规定。③ 服务质量要求。包括运营企业制订的服务质量控制计划，服务可靠性等；技术质量要求，如车况和车辆卫生、交通安全等；还包括对票价和对车辆环保的要求等。

我国香港特别行政区政府制定了《公共汽车服务法案》，并按照该法案规定了公交线路专营制度，把政府对公交企业的管理直接置于法律控制之下，以规范企业行为。其内容包括以下几点：第一，专营期限的规定。专利经营的期限起初定为 15 年，到期后重新申请，后又将期限缩短为 10 年。香港特别行政区政府为促使公交企业认真考虑乘客的投诉以及运输署、交通咨询委员会的要求和建议，以不断改进公交服务水平为目的，直接掌握对专营权的部分或全部终止权，迫使公交企业始终如一地提供良好的公共交通服务，在 10 年经营期中，每隔 2 年会与公交企业进行一次续约并对其进行考察。第二，公交服务的规定。明确规定了公交企业改进组织管理、线路发展、驾驶员和技工培训、改建车场、新建车场、班次密开线、配车、候车时间以及新车配置、车型等具体内容。第三，经营收益的规定。政府将关注点放在获得更多的盈利、扩大和改善公共交通服务以及鼓励公共交通企业自行增加更新车辆及其他设备之上，并规定诸如九龙巴士有限公司等公司，其经营许可利润为固定资产平均净值的 16%。

（三）建立服务质量考核评价制度

国际城市普遍建立了城市公共交通服务质量考核评价制度，建立了科学的考评指标体系，内容涵盖与公共交通服务相关的各个方面，如乘车舒适度、营运车辆、司乘人员服务、运行保障，委托专门机构，通过多种途径对公交企业的服务质量进行全面细致的考核评价，并建立相应的奖惩机制，督促企业不断改进服务，将考评结果作为发放政府补贴和授予线路经营权的重要依据。

新加坡成立了公共交通许可证管理局（OSLA），目的在于有效监督公交运营的同时开辟新线路，提高公交服务标准，使巴士的运营更加规范。1987 年，新加坡成立了公共交通理事会（PTC），定期审核工作，确保公交运营商能遵守服务标准。其主要职责为核准巴士和轨道交通的票价、批准新的巴士线路、监督现行巴士服务、规范巴士服务标准。该公共交通理事会成立的目的在于保证公交公司持续稳定的发展，同时保护民众的利益，保证票价的确定兼顾到乘客和公司双方的经济水平。此前所施行的制度一直由政府直接进制定，难免存在与社会实际脱节的状况。1971 年，政府成立了公交服务认证机构（BSLA），用其代替公共交通许可证管理局。公共交通理事会（PTC）的设立，使票价的确定尽可能兼顾更多的社会层面。因为该理事会在构成时期采用的是分阶层构成，其意见更能体现民意。理事会还会定期听取民众意见，接受舆论监督，对某些企业采取必要的惩罚措施，使行业内部都重视服务质量的提高。新加坡两家公交公司都必须以确保公交服务质量为目标，遵守公共交通理事会服务条款的规定，按要求提供符合标准的运营服务。

韩国首尔市政府制定了包括运营、服务质量以及运行三个方面在内的详细的考核细则，对每一项考核指标都制定了详细的可操作细则以及具体量化办法。其中，经营改善部分的考核指标包括现金收入管理、劳动关系争议及违反情况、透明性和经营健全性、引进天然气的公共交通车辆的数量、压缩天然气及柴油费用改善考核、企业财务健全性、驾驶行业人工费节俭度及改善度等方面的内容；运行管理部分的考核指标包括公共交通车辆管理系统、安全运行指数、企业员工工资指数以及运营中运行延迟车辆考核等方面的内容；服务质量部分的考核指标包括市内公共交通车辆服务满意度调查、柴油车辆污染度考核、市内公共交通车辆运行时刻表考核等。这些细则将推动公共交通系统的考核朝细致化方向发展。

我国香港特别行政区采取多种措施加强对公共交通运营企业的服务监管。在监管过程中，如若发现企业服务不周或者服务水平呈下降趋势的情况，政府必然会对企业进行惩治，以情节轻重为标准，重者取消整个企业的专营权，轻者罚款或者限制个别线路的专营权。监管的方式主要有两种，一种是乘客政府共同参与的方式，主要有乘客满意度调查、来自特区议会、传媒以及市民等的意见和投诉、直接对专营巴士服务水平进行评估；另一种是政府直接参与的方式，主要有组织服务调查、运输署署长与相关公司定期召开例会、公司呈报运营资料、政府派代表出席企业董事会等。

第六章　城市交通需求管理策略

第一节　借鉴先进城市的交通需求管理经验

最初，交通需求管理主要是为了杜绝或减少交通拥堵现象，其方式以相关政策的指引为主，具体包括左右人们的出行方式以及增加共乘一辆车的人数等。如此一来，便能降低汽车的总出行数量，从而达到杜绝或减少交通拥堵现象的目的。

但是，目前人们对交通需求管理的认知早已不再局限于对机动车出行及其数目加以限制等。实际上，从世界各国交通需求管理的先进举措中不难发现，交通需求管理注重的并非只是人们是否拥有机动车和怎样拥有汽车，它尤其注重的是如何合理利用机动车。所以，当代交通需求管理首先关注的是地区可持续及合理的综合交通系统结构，其借助各种政策性举措，对人们怎样合理利用交通资源加以指引，进而令所有地区的交通系统处于高效且安全的平衡状态。

因此，在交通需求管理技术的不断发展和应用过程中，交通需求管理的内容已从减少高峰期的拥堵和改善环境（如改善空气质量），扩展到对交通运输系统各个环节、各项功能的优化，既涉及通勤出行和非通勤出行，也需要考虑常发事件和偶发事件。新加坡、东京和首尔等国家和城市在交通需求管理方面已通过积极的政策措施，取得了良好的效果。

一、新加坡：道路拥挤收费＋限购＋政府制定最低停车标准，保证较高收费＋严格的停车管理

1975 年，新加坡成为全球第一个在城市中心区征收小汽车道路拥挤费的国家，其最初启用的是限制区域执照系统和公路收费系统。1998 年，新加坡以全自动的公路电子收费系统（ERP）取代了上述收费系统。1975 年后的 30 多年

间，新加坡的机动车数目增长了 3 倍，但由于道路拥挤收费政策的实施和 ERP 的应用，早高峰进入中央商务区的交通量仍保持在 30 多年前的水平。1991 年，新加坡开始实行"周末小汽车使用计划"，参加该计划的小汽车可享受税费优惠，星期日和公休日全天可行驶，其余日期仅允许在当天 19：00 ～ 7：00 间行驶。

1990 年，新加坡根据每年道路设施容量的增长确定机动车的增长量，并采用竞标的方式分配汽车拥有证书，中标者须支付与投标价对应的费用。汽车拥有证书有效期为 10 年，在此期间不得转让。10 年到期后业主可优先续约，但费用须按市场价格支付。另外，新加坡还根据发动机排量对汽车征收高额购置税，进一步增加汽车使用成本。

为了减少进入中心城区的小汽车数量，新加坡政府规定各类停车场的收费标准不得低于政府颁布的标准，停车费因停车区位、停留时间、停车时段的不同而存在区别，因此停车场一般采用累进制的方式进行计费。中心区路外停车场一般每小时收取 2 新元（约合 10 元人民币），中心区逐步取消路内停车。现有的路边停车泊位，每小时收取 2 新元（约合 10 元人民币），与路外停车场的收费标准基本一致。

新加坡几乎所有的停车场都使用电子付费系统。车里装有读卡器，插上现金卡，既能支付过路费，也能支付停车场费用，自动扣除，非常方便。少量非闹市区的露天停车场没有自动付费系统，需要使用停车票。新加坡人把这种停车票称为"固本"，其面值有 0.5 新元、1 新元和 2 新元的，停车场按照日期和停车时长收取费用。

在新加坡，违章停车要付出较大的代价。如果在路内停车位上超时停车，小车每次罚款 70 新元；如果在禁停路段停车，车会被拖走或车轮被铁夹锁住，车主交完罚款后才能将车取回或开锁。

二、中国香港：增加拥车成本 + 停车系统低水平的平衡 + 市场调节的高额停车费 + 严格的停车管理 + 减少中心地区停车泊位

中国香港面积 1 106 平方千米，且大部分是山地与岛屿，高密度建成区 96 平方千米，人口 600 万。定量化的交通与土地利用规模是香港的特征，20 世纪 70 年代以来，香港出台了一系列交通需求管理措施。香港是世界上交通管理系统最

成功、交通最畅通的大城市之一，40多年来，与世界上其他大城市相比，以极少的投入取得了较大的总体效益。香港在交通需求管理方面所采取的比较成功的措施，主要包括建设发达的轨道交通系统、增加拥车成本、停车系统低水平的平衡、市场调节的高额停车费、严格的停车管理及减少中心地区停车泊位等。

香港地铁自1979年开通以来，至今已形成一个既快捷方便又安全可靠的集体运输网络，覆盖香港的心脏地带，连接中国大陆。营业里程全长超过20万米的综合铁路系统由机场快线、观塘线、东涌线、东铁线、西铁线、荃湾线、将军澳线、港岛线、迪士尼线、马鞍山线以及轻铁各线共同构成。发达的轨道交通系统是香港交通高效运转最重要的支撑和保障。

在私人小汽车方面，香港制定了严格的小汽车拥有和使用政策，通过征收车辆首次登记税和牌照费增加拥车成本，控制小汽车拥有量，促使居民使用公共交通工具。首先，购买私家车需要支付高昂的"车辆首次登记税"，税率随汽车价格波动，汽车价格越高，缴纳的税款越多，最低税率高达35%。其次，香港政府每年根据汽车排量对私家车征收牌照费，大排量汽车每年缴纳的牌照费超过1万元。2011年香港的机动车拥有量仅63万。

香港由于城市用地有限，因此难以满足大量的机动车同时在道路上行驶或停歇。为了令城市交通更为通畅，不向市区中吸引过量的小汽车，停车泊位的数目必须加以控制，也就是必须令停车系统处于低水平的动态平衡状态。我们从香港政府兴建的14个多层停车场分布图上可以看出，这些停车场分布于坚尼地城、筲箕湾、天后、油麻地、荃湾、香港仔、中环及上水等城区，没有集中在最繁华的中环及旺角等核心区域。香港政府还利用价格机制让路边停车位和多层停车场通过合理收费的方式提供一定数量的空位，进而避免缺少停车位而导致的交通拥堵等现象。同时，为了提高轨道交通的使用效率，《香港规划标准与准则》规定，在轨道站点500米半径范围内的住宅要按停车配建标准进行15%的折减；在交通拥堵的核心区域，轨道站点周边的商业办公大楼少配甚至不配建停车位，引导上班族主要采用轨道交通上下班。通过上述措施，香港达到了停车设施供需之间的一种低水平的动态平衡。

香港采取低税费等优惠措施鼓励民间资本参与停车场建设，民间资本投资建设停车场较踊跃。在香港，民间资本投资建设的停车场是主体，约占全部停车供应的97%，政府投资建设的停车场仅占3%。从1984年开始，政府建造了

14 个由私营企业进行管理的多层停车场,可提供车位数量约为 7 600 个。当局在不妨碍交通的地点设立路内停车位。自 1994 年招标后,整个香港的万余路边停车位全部交由信佳有限公司进行运营与管理。目前,全港共有约 29 800 个指定的路边泊车位(约 17 800 个为路边收费停车位)。

香港非政府投资建设的路外停车场采取市场化运作模式,自主经营与定价,总体上越是繁华地段的停车场收费越贵。一般的路外停车场每小时收费 20 ~ 30 港元,路内停车采用咪表收费,白天限时停车,夜间大部分路内停车位免费。白天限时停车的时长包括半个小时、一个小时、两个小时三类,计费单位包括 15 分钟及半小时两类,每一计费单位按照 2 港元收费。倘若停车时间比付费时间更长,执法人员便会进行执法管理。

在香港,违法停车的执法既严又人性化。当路内停车超出付费时长,此时咪表上的绿灯便将变为不断闪烁的红灯,巡警见到就能将车牌号码抄下,贴上一张 320 港元的罚单。同时,香港警察执法严格,巡逻频率也十分高,如果过了一定时间车子尚未开走,便将送出下一张罚单。此外,为了防止路内停车泊位被长时间占用,香港也有倘若驾驶者连续在泊车处停泊时长超过一天,便即刻送上 2 000 港元罚单的规定,但一般不会出现锁车或拖车现象,执法非常人性化。只有在交通繁忙的时间内车辆违章停在主要道路上,对交通带来严重影响且驾驶者不在车上的情况下,才会采取拖车的措施。警方拖走车辆后,将通过书面的形式告知司机,并要求后者依据通知书背面列示的付款方法在定额罚款通知书发出之日起 21 天内缴纳罚金。倘若超过规定期限不缴纳罚金,在合理时间内,警方会向司机发出一份缴付定额罚款通知书,司机需要根据该文件上的相关要求于规定期限前缴纳罚金。倘若超过规定期限后,司机仍没有缴纳罚金也没有选择通过法庭解决争议,警方将依照惯例申请法庭的指令,要求车主缴纳堂费及两倍罚金总计千余港元。法庭发布该指令的同时时,会向警务处处长与运输署署长发出命令,并将该司机的相关权利冻结,如申请将其名下任一车辆转让以及换领、登记车辆牌照与驾驶执照等。

三、日本东京:购车自备车位 + 市场调节的高额停车费 + 严格的停车管理

20 世纪 90 年代初,日本东京开始实施交通需求管理策略,采取的政策性措施主要包括以下几个方面。

（一）推行交通营运及管理的一体化政策

交通一体化指普通有轨电车、轻轨电车、公共汽车以及地铁等交通工具一律经由同一组织管理经营。一体化政策不仅包括统一的票价制度，还包括统一的运行时刻。一体化政策在提升交通系统工作效率的同时，给乘客提供了极大的方便。与东京不同，在日本其他城市，交通事业经营单位的运行制度与票价制度客商各自为政的现象，阻碍了一体化政策的进程。不过，在日本政府推行交通一体化政策的努力下，东京的地面铁道和地铁之间可以相互连乘，乘客可以不出站换车。

（二）从政策上控制车辆数目的增加

日本政府有目的地实施了许多政策，指引人们减少使用私人机动车，多选择乘坐公共交通，以便限制车辆数目的增长速度。比如，在停车方面的相关规章之外，为避免过度依赖机动车运输，日本政府在货运领域制定了推动企业尽量不使用或少使用企业自用运货车，选择专业运输企业，中长途货运转向铁路、海运的有关规定。此外，在交通法规领域也制定了许多与市中心通行、局部地区通行、停车场设置以及汽车保管场所等有关的规章。日本政府还抓住机会对国民加以教育，培养大众理智利用机动车、自主环保的意识。

（三）加快推动公共交通优先政策

在城市规划方面，对可以运送大量乘客的交通轨道线路有序地加以扩增与新建，进一步扩大线路的覆盖率，并为经营人员提供财政方面的扶持。为了解决公共汽车服务难以与市民需要相吻合的难题，日本政府将工作重心放在了公共汽车优先政策上，即通过信号管理使公共汽车优先、设立公共汽车专用道、提供深夜公共汽车服务、完善公共汽车运行线路、设置社区范围的公共汽车、设立电话网应急公共汽车服务制度等，鼓励市民提高公共汽车的使用率，从而保证车辆在公共交通高峰时段能顺利通行。公共汽车专用道和优先信号这两个办法，使公共汽车在一部分道路上的运行时间有了一定程度的改善。

（四）"购车自备车位"政策

日本东京自20世纪60代起开始采取的政策为购车自备车位。购车者在采购自备车辆时需先为车辆提供适当的空间停车，其中包括契约租用及购买自用以供车辆长期停放的车位。购车自备车位政策能达到让购车者本人担负自身名下车辆的衍生社会成本这一目的，不但能帮人们养成更为合理的使用车辆习惯，还能更为有效地控制机动车的使用与增长。

（五）路外停车场实行自主管理、自主定价

日本东京非政府投资建设的路外停车场实行自主管理、自主定价，收费相当昂贵。路外停车场的收费标准从每小时 600 日元至每小时 1 500 日元不等，其价值折合人民币为每小时 40 元到每小时 100 元。白天，每次路内限时停车通过累进制方式进行计费，其时长仅在半小时到一小时之间，停车一小时的最高收费为 800 日元，即人民币 50 元左右。夜间，只有一小部分的停车位供车主付费使用。

四、韩国首尔：公交优先 + 汽油税 + 道路使用费 + 高额停车费 + 鼓励合乘

为缓解交通堵塞所造成的压力，韩国首尔实行了许多适合不同交通需求的管理方法，如支持共乘行为、通过车牌适当限制车辆通行、增强区域管理与限制停车空间等。在韩国，利用车牌限制车辆通行措施卓有成效的城市之一便是首尔，这一措施不但可以多次通过车牌短期限制通行，还能用于交通需求管理。韩国首尔采用的交通需求管理策略主要有控制小汽车使用和利用经济杠杆调节交通两种形式，具体如下。

（一）推出限制使用小汽车的系列政策与举措，支持市民使用大众交通工具

利用地铁快速公交系统，使城市地铁得以优先发展，以达到指引人们弃车就乘的目标，这不但可以提升公交服务的能力，还可以缓解交通的拥堵情况。韩国首尔市政府认为，只有致力于地铁和公交车等城市公共交通工具的推广与发展，方能使交通问题得到充分的解决。为了鼓励市民选择大众交通工具出行，韩国首尔市政府还提出相关策略，不但对首尔的交通管理战略进行了调整，还增加了对公交投资的力度，以便克服公共交通服务中存在的问题。韩国首尔市政府在确定工作目标后，为提供舒适便捷的公交服务，还出台了一系列吸引乘客的相关举措，如增加营业时长、改进换乘服务设施、提升服务水准以及设立循环汽车，以连接地铁站等。此外，政府还鼓励市民乘坐公交车上下班，周末驾驶私家车休闲游玩。如今，这已成为首尔民众普遍接受的出行方式，受到大家广泛认可。

地面构建的快速公交系统能使改良型的大容量公交车在公交专用道上运营，不但能维持轨道的交通特性，还具备与普通公交一样的灵活性，是一种快速公交的新型方式。当前正处于规划阶段的地面快速公交系统未来会发展为首尔市地面公交的骨干系统。

（二）通过经济杠杆综合治理城市交通

（1）增加汽油税，征收道路使用费。韩国首尔市于1996年将汽油税提升了一倍，目前的汽油价格以汽油税为主。此外，还征收道路使用费，更加有利于限制上路的私家车。

（2）在交通堵塞情况严重的地区，对车主收取高额的停车费及交通堵塞费。倘若居民通过机动车共乘的方式降低交通流量，便能降低相应费用。在收费方式方面，新开发的智能收费卡系统不但能减少收费时间，还可简化收费手续。

（3）在韩国首尔市，民众自主参与的汽车星期制已然实施。司机自周一至周五自愿选择一日作机动车休息日，当日出门不选择机动车出行。遵从汽车星期制度的机动车可享受5%的汽车税优惠和2.7%的保费优惠。为了享受这些优惠，司机须申请装置无线识别系统的电子标记，并将它们附于车辆上。各级韩国公共机构也自2006年6月开始实施汽车"星期制"，该制度以节约能源为目的。不过韩国中央政府实施的汽车"星期制"与首尔市实施的有所不同。根据韩国中央政府的规定，星期一车牌尾号为1和6的车辆不准进入公共机关，星期二是车牌尾号2和7、星期三是3和8、星期四是4和9、星期五是5和0。

（4）支持共乘。六人以上共乘的机动车能使用公交专用道。

（5）增强监管公交企业的力度。韩国首尔公交企业虽为民营企业，可是其线路与票价全部由政府制定，也接受政府监管。在公司运营的初期，政府将提供部分补贴，除了淘汰掉那些劣势公交企业，还将对社会信誉、经济效益皆良好的企业加以帮助和扶持。

总结上述先进城市交通需求调控的经验，我们可以看出，交通需求调控手段主要有两种：一种是以行政手段进行交通需求调控，主要调控措施包括小汽车车牌拍卖、摇号、车辆首次登记税和牌照费及拥车自备车位等，此类措施在对小汽车增量调控方面更加直接有效；另一种是以经济手段进行交通需求调控，主要调控措施包括道路拥挤收费、提高停车收费等，此类措施在对小汽车存量使用方面具有更强的调控效果，也是国际先进城市治理交通拥堵的普遍做法。

第二节　实施交通拥堵收费制度

一、交通拥堵收费的概述

交通拥堵收费以经济学中的价格杠杆理论为实施原理，在特定时间段或特定道路向进入这一区域的车辆收取费用，借助收费的方式对这一区域的交通量加以限制。该方法通过空间、时间两个维度调节交通流量，不但能限制机动车的出行，而且有利于提高公共交通的使用率，进一步缓解交通堵塞的状况。

作为一种调控交通的手段，交通拥堵收费不但受到了经济学家的欢迎，亦被交通管理部门看好。交通拥堵收费以通过控制城市交通需求的急剧增加使供给与需求处于平衡状态为最终目标，借助收取费用的方式，对交通出行量加以控制，可以大大减少机动车的能源损耗与环境污染。除此之外，政府收取的费用也能增加交通供给，提升道路服务水平。

二、交通拥堵收费政策的可行性分析

我国尚不具有较高的国民经济发展水平，倘若征收交通拥堵费，将导致出行人员为逃避收费而对出行路线、时间加以调整，从而在新的地点、时间发生交通堵塞的现象。调查结果表明，出行前部分司机会详细考虑行车路线，为错开拥挤的道路，有的司机会选择绕道而行，有的司机认为此事并无影响，因此交通拥堵费依旧属于一种经济负担。

（一）交通拥堵收费策略对出行效率的影响

收取交通拥堵费免不了要在某一道路上设置收费站，当前不停车收费在我国尚未得到全面普及，因此只能依旧选择停车收费。除公交与运营车辆出租车之外，其余大多数车辆皆有目的地，即这些车辆存在特定的行驶路线，大多数时间它们皆停于某地。

车辆平均时速愈低，道路拥堵度便愈高；车辆平均时速愈高，道路拥堵度便愈低。两者呈反向变动关系，因此收费停车可能会导致交通堵塞现象的增多，对民众的出行效率也会造成影响。

（二）交通拥堵收费策略对人们生活的影响

我国各个城市具有不一样的发展阶段，解决交通拥堵的方法也存在差别。以上海市区为例，其停车费为每小时 10 元，司机宁可打车也不想通过自驾的方式前往市区，如此市区的交通堵塞情况便得到缓解。虽然交通拥堵费的收取依旧停留在学术研讨这一层面上，可是车主们还是以一片反对声回应，基本上呈现一边倒的情形。车主们在购车时缴纳了税费，在市内行驶需购入年票，到了高速上还需缴纳通行费，因此交通拥堵费便如同重复收费一般不为他们接受。

因此，我们不能完全照搬外国的经验，当然外国的先进城市中也仅有少数城市收取交通拥堵费。收取交通拥堵费必然会增加司机在经济上的负担，部分潜在购车客户会因此放弃购车计划。考虑到连续升高的停车费等，用车成本已成为购车之前潜在客户需要考虑的关键因素之一，倘若用车成本超过了所估计的承受范围，他们便极有可能延后买车或放弃买车的打算。

以重庆市为例，该市的人口情况如下：常住人口在 2014 年初期接近 3 000 万人，其中城镇人口数目约为 1 700 万人，城镇人口所占百分比达到了 56.98%，与 2013 年相比，该市的人口数目增加了 70 余万人。依照数据统计的结果可知，重庆市的人口出生率已经达到了 10.86‰，高于该市的人口死亡率 6.86‰。急剧增加的人口数目在某种程度上将会造成交通需求快速增加，可是道路资源并不是无限的，所以便使供给受限，难以与需求相匹配，进而导致交通情况愈发拥堵。如果不推行有效措施，其不但会对经济带来非常严重的损失，还会成为城市发展的瓶颈。

重庆市的经济发展情况如下：2013 年该市全年的地区生产总值超过万亿元，比上年增长 12.4%。其中，第一产业、第二产业及第三产业各自分别为 1 002.58 亿元、6 397.72 亿元和 5 256.19 亿元，比上年分别增长 4.6%、13.3% 及 12.1%。其中非公有制经济在经济增长中最为明显，其占比达到 61.4%，增长值达到 7 782.56 亿元，比上年增长 12.5%。以该市常住人口为依据，该市当年的人均地区生产总值已达到 42 775 元，同比上年增长 11.2%。

重庆市机动车的保有量情况如下：该市机动车在 2013 年的保有量大致在

150万辆左右，主城区私人机动车46万辆。与2011年相比，该市小汽车的保有量增加了14.9%，私人机动车增加23.1%。

由前文分析容易发现，该市的私人小汽车发展极为快速，也表明该市的交通需求始终维持在高位，就算市政府在交通基础设施上的投资处于持续增长的状态，可是依然难以达到所需的程度。

由于受地理条件所限，城市的交通供给会引起新的交通需求产生，也难以满足城市内部不断增长的交通需求。可见，单纯地增加道路资源难以从根本上解决交通拥堵问题，所增加的道路资源会造成新的交通拥堵，使此前交通堵塞的恶化程度加剧。

由于经济基础与地形环境的约束，在居民出行方面，重庆市主城区的居民总出行量达到了每日9.6万人，步行所占的比例也超过了60%。因为自身优势，公共交通系统在出行方式上具有极大的承担比例，达到了27%。居民出行以双主流向为典型代表，如以江北区为起点，从渝中半岛经南岸区再经江北区至渝中半岛，最后再到达九龙坡区，此类路线使出行展现出双高峰的特征。公交客流的分布以主城区内的干道为主，还有少部分的客流分布于支路，这进一步表明因为受到道路条件的约束，主城区的服务范围与公交覆盖面均受到了极大的限制，急需得到改善。通过这种布置路线的方法能够对路线起到优化的作用，使路线更具直达性，且行驶路线大体属于最短路径。不过缺陷是增加了步行距离，导致居民选择公交的概率有所下降。与此同时，这种方法将使许多大巴线路发生重叠，从而令公交承载率与覆盖率降低。以步行为主要出行方式的做法，不但和山区地形及自身所具备的出行比重息息相关，而且能够间接地反映出城市不适宜的交通设施和极低的交通机械化水平，以及生活水平低造成的出行范围缩小等状况。

小汽车的保有量和该城市的经济状况息息相关，总体而言，两者呈正向关系变动。越是经济发达的城市，其收入水平越高，机动车的拥有数量也越多。对那些收入高的群体而言，他们对交通堵塞具有较低的容忍度，因此对于出行费用敏感度不会太高。这些年来，随着重庆经济的快速发展，民众的生活水平与收入水平也随之增加，因此交通堵塞费的承受能力也随之增强。

在对该市社会经济的状况、主城区机动车的保有量状况、主城区的交通拥堵状况以及主城区居民出行状况进行综合考虑的情况下，重庆当下尚无须实施缴纳交通拥堵费的举措。

三、交通拥堵收费政策的措施与建议

（一）充分做好规划准备工作

以城市交通结构的发展趋势为分析角度，比起需求来说，我国城市道路供给依旧较为短缺，仍需要增加道路的供给。虽然伦敦等大城市路不宽敞，且车辆数目多，却算不上拥挤，能够让车辆行走自如，除征收交通拥堵费外，其中一个关键的原因便是城市支路、次干路大多与主干路连接在一起。为缴纳城市交通拥堵费，伦敦早早便对城市空间布局、道路以及交通加以规划，构建了许多大型停车场的换乘点，这些停车场换乘点连接了公交巴士、轻轨及地铁，市民下了机动车后便能以最为方便的公共交通进城。由此可知，以后我国的特大城市如将缴纳交通拥堵费，务必从现在开始做好道路、交通及城市空间布局的规划。

（二）交通拥堵收费站的设置

交通拥堵收费站也需要建设许多设施，尽管并无建设高速公路收费站那般严苛，不过部分地方的设计仍要以设计高速公路收费站的标准为依据。为了确保在到达收费亭前车辆检测能够完成，需要合理增加收费岛的长度，并考虑控制方便驾驶员规范通过称台的车速。设置交通拥堵收费站离民众居住地越远越好，由于车辆在启动与停止过程中产生一定的尾气，会对周边环境造成一定污染。要减少交通拥堵收费站的设置，因为收费停车将影响效率。此外，建造交通拥堵收费站要选择在道路的起点或终点，并有明确的标识，以表明该收费站属于交通拥堵收费站。由于该项收费是新近引入的，因此需与司机说明，以防止不必要的事件发生。

（三）收费时间与范围的划定

确认收费时段与收费日期务必要基于该城市交通拥挤的时间特性，以交通最拥堵的核心区域为收费范围。通常情况下，收费日不包含节假日及周末，实施收费的关键时段即为交通拥堵的早晚高峰时段。不过因为收费区域内有些向区域外部转移的车流量，拥堵现象或许会在收费区域的外围路网出现。此外，在收费的前后时间段或许还会出现新的交通高峰，倘若司机在某一特定的状况无法避免缴费，在高峰时段内他们也许会选择公共交通或选择在非拥堵时间内使用小汽车。

（四）交通拥堵收费实施效果的实时监控及定性分析

为了更好地定性分析交通拥堵收费方案实行情况下的路段交通量，需要以社会视角、收费管理者视角及出行者视角三种不同的视角为出发点，分别将各自的视角当作利益关切的重点。此外，为使该方案的定性分析更为完善，需要选取不一样的评价标准。

如何扩大警方团队，培养更多专业人员对城市中心区的交通拥堵进行性价比核实，已成为全球性难题，我国也是如此，因此需要吸收外国交通拥堵收费的优秀技术。不过收取交通拥堵费真的可以令城市的拥堵状况得到改善吗？

伴随着科技和经济的高速发展，各国的交通拥堵日益严重。从当前分析，缓解交通拥堵问题的最优方法依然为收取交通拥堵费。收费方案的实施离不开所应用的技术及规模，因此收费区占据的面积越大，需要的设施就越多，开销也会越多。同理，交通拥堵费的设定方式越烦琐，推行及管理的难度也会越大。因此可以依照地点、车辆种类、时间及搭载人数等对交通拥堵费进行定价。有效推行交通拥堵费方案，需对工程的性价比进行仔细分析，以考量该投资的合理性。

自20世纪70年代中期开始，新加坡便一直控制着小汽车的使用水平以适应其道路状况。由新加坡自行创立的拥车证制度及电子道路收费系统能够很好地控制城市中心区的机动车数量。为了避免过量机动车的出现，新加坡还实行了买车者务必先向政府提出申请，然后投标买下一张十年有效期拥车证的举措，这就是所谓的车辆定额分配制。

综上所述，由新加坡收费举措的实践经验可知，信息化不过是一种手段，真正的决定性因素依然是经济。唯有以经济为杠杆，采取信息化的手段，制定合理的人性化策略，方能提高效率。

1. 收费方式

包括拥堵道路收费及城市中心区域收费两种，其中城市中心区域收费分为单向收费与双向收费两类。所谓单向收费，就是机动车只在进入限制区域时收取交通拥堵费。所谓双向收费，就是机动车除了来到该区域需要收费外，走出这一区域也需要收费。根据重庆的实际情况，采取单项收费方式更为合适。

2. 收费区域

确定收费区域要掌握重庆市全部的路网分布与流量，依照全部区域交通拥堵的不同情况，再结合路网的布局及交通的便利、可达等特征划分收费区域。例如重庆市观音桥、南坪、解放碑以及沙坪坝等地皆为车流量极多的区域，可定为收费区域。

3. 收费时间

对重庆市交通拥堵的居民出行特征及时间分布特点加以分析，居民出行的早晚高峰是 7:00 ～ 9:00 和 17:00 ～ 19:00，是一日之中交通最拥堵的时间段。对交通工具的承载率进行妥善处理，在特定时间收取交通拥堵费，错峰出行，令交通量分散，从而缓解交通的拥堵状况。

4. 收费金额

所谓差别化拥堵收费，就是通过划分交通堵塞的等级对收取金额进行确认。对于那些堵塞情况不重的区域及出行分散的时段可以不收或酌情少收。同理，对于那些交通流量大的时段和地区可以酌情增加收取费用，从而保持平衡的交通流。

第三节　控制机动车数量及使用

一、控制机动车过快增长

为了缓解城市交通堵塞，众多发达地区及国家采取了许多因地制宜的举措，并对民众购买机动车的行为加以合理调控，机动车急剧增加的态势也因此得到了有效控制，极大地缓解了城市的交通堵塞情况。

（一）北京机动车购车摇号政策

在城市快速发展、交通拥堵日趋严重的情况下，面对人口、资源、环境的压力，依照 2010 年出台的《关于进一步推进首都交通科学发展加大力度缓解交通拥堵工作的意见》，北京市政府积极推进缓堵综合措施的落实，对机动车数量进行严格限制。小汽车购买者需要通过先报名预约排队，再统一参加摇号。年度指标额度里的个人指标占据了绝大部分的比例，剩下的单位指标及营运小汽车的指标分别占据了 10% 和 2% 的比例。达到购车条件的人员还需要在登记系统内填写驾驶证等信息，审查通过的人能够得到一个有效的申请编码。取得指标后，购车人还要在半年之内完成机动车登记手续的办理，不然就要再次重复以上步骤。倘若没有获得该指标，该购车人的信息在延期确认后将会进入下月的摇号系统。在实施购车摇号政策后，2011 年全年北京市净增机动车 17.3 万辆，比 2010 年少增 61.7 万辆，同比下降 78.1%，机动车快速增长势头得到了有效遏制，中心城区交通运行状况有所好转，高峰时段路网运行速度由每小时 22.6 千米提高到 25.3 千米。到 2013 年 3 月，北京市小汽车摇号已进行了 27 期，摇号的申请人数已由第一期的 20 万余人增加到 160 万人左右。从 2011 年第一期的十分之一至 2013 年 3 月的将近百分之一，中签比重也随之降低。

（二）上海市的机动车号牌拍卖制度

为限制机动车数量，缓解城市交通拥堵，上海市自 1994 年起实行新增机动车拍卖制度。每月拍卖一次，每次投放数千个号牌，新车牌照始终供不应求，价格不断攀升。2000 年，上海市共投放 1.4 万个号牌，年均中标价约 1.4 万元；2002 年，投放量加大到 3.2 万个，年均中标价约 2.8 万元；2007 年，拍卖号牌 77 500 个，年均中标价约 4.5 万元；2012 年，共投放 109 600 个号牌，年均中标价约 6.2 万元；2013 年 3 月，上海私家车号牌拍卖最低成交价突破 9 万元。机动车号牌拍卖收入资金由上海市财政专户存储，经上海市政府批准才能使用，主要用于交通管理设施装备建设、城市道路工程建设、城市轨道交通建设和公共汽电车的运营补贴等。

二、实施差别化停车管理

合理科学的停车管理举措能够更好地指引居民购车，对居民出行方式的调整也起到了关键作用。此外它还能够减少机动车的使用力度，对城市当前严峻的交通状况加以改善。依照不同地区、时段以及车辆种类，停车缴费的定价也得以确定。这不但能使交通流量的空间分布与时间分布得到有效调节，还能推动居民调整出行方式，进而提高交通系统的运营速度。

三、调控小汽车使用强度

限行小汽车尾号是当下北京市实行的能够减轻交通拥堵压力的举措。该措施以全市范围内 2007 年测试赛"好运北京"举办期间以及下一年的残奥会、奥运会举办期间所施行的单双号限行制为基础，目的是缓解赛事期间的交通拥堵，减轻空气污染。据统计，2007 年"好运北京"测试赛期间，北京共停驶机动车约 130 万辆，全市道路畅通比例约 90%，机动车尾气减排量达到 5 815 吨。奥运会结束后，该举措转化为以车辆号牌尾号为依据，将其分成五组，从周一到周五的上午 7 点到晚上 8 点，在五环内每天限行一组。为了运送限行带来的客流，北京增加了城市公共交通运力。

成都市自 2012 年 10 月 8 日起实行尾号限行措施。除一部分车辆外，成都市全部以川 A 为开头的车牌号，还有其他地籍号牌的当日受限车辆，在每一工作日的上午 7 点 30 分至晚上 8 点，皆不可在二环路和三环路间的区域行驶。限行尾号后，凡是在限行时间内行驶车辆闯入二环与三环间道路的，驾驶员将被处以 100 元的罚款。

四、支持高乘载率车辆通行

所谓的优先通行高承载率车辆，指的是向承载人数极多的机动车提供优先通行权的政策。其中含有减免道路拥堵费、提供车辆交叉口信号优先通行权、对车辆实施停车优惠、设置高承载率车辆专用道等举措。优先通行高承载率车辆的政策不但能够节约能源及降低尾气排放，还在降低城市交通堵塞压力及提升资源利用率方面起到了关键作用。

五、实施弹性工作时间及错时上下班

弹性工作时间制度指的是在达到固定的工作时段或是完成规定工作任务的条件下，员工能够自主安排工作的详细时间，从而替代固定一致的上下班时间制度。弹性工作时间制度能够令员工灵活安排上下班时间，进而缓解交通高峰时段的压力。该制度不但可以影响交通高峰期通勤员工的人数，还能够左右员工们选择上下班的交通方式。通常情况下包括三种方案：第一种为弹性工作时间。旧金山某实验结果显示，最少存在半数及以上的人来到单位的时间与实验前相比早了半个小时以上。在早高峰来临之前，每次通勤能够节约的时间平均为 9 分钟，有 60% 以上的调查者表示上班途中不曾遭遇交通堵塞。第二种为压缩周工作日。最受欢迎的压缩周工作日方式为每周工作四日，每日工作 10 个小时。第三种为错开工作时间方案。所谓的错开工作时间，指的就是因为高峰时间跨度有所扩展，交通流量也随之降低，高峰期间出行交通的行程时间也因此缩短。

　　在欧美发达国家中，错时上下班制度是大中城市为减少交通堵塞状况而采用的通常做法，属于大众公认且经证实后极其有效的削峰手段。弹性工作与错时上下班制度不但能够提升道路资源的利用率，还可以降低交通堵塞的压力，也有益于缓和公共交通的紧张态势，并减轻环境污染，对娱乐行业和商业的发展也具有正面影响。

第七章　城市智能交通系统构建策略

第一节　城市智能交通系统的特征与应用

城市化的发展是人类文明进步的必然。进入 21 世纪以来，全国的城市化进程不断加快，人民生活水平得到了提高。从 2000 年到 2015 年，我国城市化水平已经由 36.2% 提升至 56.1%。如今全国 650 多个城市里，共有 142 个城市的人口大于百万，千万以上人口的城市有 6 个。然而，城市化发展也带来了一系列问题，现代城市发展面临着资源有限、交通安全、环境污染以及交通堵塞等一系列严峻的挑战。

在我国，人口规模、社会保障、城市规划、社会治理等问题不容忽视。在我国城市发展面临的诸多问题中，交通问题尤为突出。在这种环境下，以信息技术为代表的城市智能交通系统悄然而生。它的产生对于城市交通的发展以及整个城市的发展都具有极其重要的意义。

一、城市智能交通系统的开发背景

通过高新技术改造传统的交通运输系统后所形成的社会化、智能化及信息化兼备的全新交通运输系统便是智能交通系统（intelligent transportation system，缩写 ITS）。这一系统在城市交通中的具体表现形式是城市智能交通系统（urban intelligent transportation system，缩写 UITS）。

伴随着工业的进步与科技的发展，城市的交通出行量激增，传统的交通模式已不能满足人们的出行要求。另外，工业发展为城市交通提供了多种形式的交通工具，导致城市交通在发展模式、管理方式上都面临着严峻的挑战。基于城市化带来的一系列问题，城市 ITS 的发展背景与动因可包括以下 3 个方面。

（一）汽车发展的社会化

汽车化社会导致的环境污染、交通事故、资源消费以及交通堵塞等严峻问题，不但严重损害了经济的发展，也进一步迫使原本拥有先进道路建设的日本、美国等国家纷纷转变思维模式，通过一同供给与需求管理的方法、技术，对越发严峻的交通问题加以改善，不断探索在维护汽车化社会之余，还能够令交通堵塞现象得到缓解的方法，并以通过现代化科技缓解交通压力为宗旨，努力实现"提高效率、节约能源、改善环境、保障安全"的目标。正因如此，ITS 的相关概念才逐渐成形。

（二）人类环境的可持续化

从 20 世纪六七十年代开始，因为环境恶化与石油危机的缘故，工业化国家为了节约能源和提升效益推行交通需求管理与交通系统管理。除此之外，这些工业化国家还专注推动公交优先政策和轨道交通系统的实施，以社会的可持续发展为宗旨对运输结构加以调整，构建最优化的均衡使用能源与保护环境的交通运输体系。作为一种能够保障可持续发展社会经济并使其与环境相适应，还能综合解决交通问题的全新交通运输系统，ITS 也伴随着科技的高速发展孕育于发达国家，并在 20 世纪 90 年代后成为全球范围内的关键发展方向。

（三）信息技术智能化

由于高速发展的信息技术，特别是国际信息网络的构建，世界的经济一体化进程得以加快，全球经济逐渐迈入信息革命的新阶段。信息产业也随之蓬勃发展，ITS 融合了先进的信息技术与各种相关技术，被广泛应用于交通运输智能管理领域，并占据了广大的市场份额。工业化国家及民营公司也先后进入该领域，并在各大城市研发应用。

二、城市智能交通系统的特征

作为当代城市交通的全新术语，城市智能交通系统具有很多特征，其中以科学性、系统性、阶段性、思想性及目的性为代表。

（一）城市智能交通系统的科学性

科学性主要体现在交通技术水平的科学化与现代化方面。城市智能交通系统不仅需要车辆数目的信息，还需要与交通出行人员相关的语言、时间、空间、地理、生理、心理、气候和图像等有关的信息。在识别检测上述信息后，生成数字化信息，这是城市交通智能化的重要目标。

（二）城市智能交通系统的系统性

交通管理体系的系统化与综合化是城市智能交通系统的主要展现。通过所有子系统组成的城市智能交通系统，借助系统工程与人工智能相结合的方法，在方案和技术上对系统自身及子系统间加以集成，而各个交通方式之间乃至全部的城市智能交通系统之间的集成，却是有待实现的问题。解决这些问题后，才能实现具有信息共享功能的一体化交通综合管理。

（三）城市智能交通系统的阶段性

阶段性指的是在城市交通发展中的进程是分阶段的。正是因为有了科学和技术的发展与进步，才有了如今城市智能交通系统的形成和进一步发展，这是交通需求和技术供给的必然结果。原始模式、机械模式、生物模式、智能模式、全球智能化综合模式是这个发展过程中最基本的五个阶段模式。

（四）城市智能交通系统的思想性

城市交通的思维方式和方法是城市智能交通系统的思想性的一种主要的表达手段。城市智能交通系统并不是传统思维中简单的技术复合体，它运用了新的思维以及理念去思考，进而实践，没有简单地止步于前人的模式，也没有在固定的框架内去思考问题以及解决问题。

（五）城市智能交通系统的目的性

事实上，城市智能交通系统的目的性与城市交通的目的性一致，都是为了把城市交通基础设施十分高效地运用到实际当中，进而使出行者不会有那么大的负担，出行质量也能因此得以升。可以说，其终极目的是对安全进行保障，达到高效率、改善环境、对能源进行优化和节省，以及对城市智能交通系统新产业进行培育。

三、城市智能交通系统的应用

经过 20 多年的快速发展，城市智能交通系统已经被交通界和大众广泛接受。当下的 ITS 国际环境是，美国、欧洲和日本在业内最具竞争力，城市智能交通技术和产品已广泛应用到全球各大城市，渗入到人们生活和工作的多个方面。

美国和日本将 ITS 主要应用在车内导航系统、电子收费系统、道路及车辆管理系统、实时自动定位系统、商业车辆管理系统中，均收到了良好的效果；

欧洲国家主要将 ITS 应用于城市交通管理、实时交通信息服务等方面；其他国家，如韩国制定了全面的 ITS 框架结构和未来的发展规划，新加坡已经在全国推行不停车电子收费系统，中东的一些国家也开始讨论 ITS 的研究计划。此外，国外很多国家已将 ITS 应用到车联网技术及自动驾驶技术的相关研究中。其中，车联网技术方面比较有代表性的有欧盟的 Vehide-to-X；自动驾驶系统就是一个典型的例子，美国第一个自动驾驶车辆许可证就是颁发给了由 Google 研制开发的自动驾驶汽车。

我国从 2006 年开始，在城市智能交通的信号控制系统、公交调度系统、公众出行信息系统等几个领域开展系统研发，已取得一定成果。目前，城市智能交通系统在公交调度系统、智能停车诱导系统、电子站牌、交通信息服务、交通事故管理、交通视频监视等领域的使用尤为重要。北京市就是一个例子，它作为城市智能交通的先行者，早在 2010 年就把"一个中心、三个平台、八大系统"这 12 个字作为指导核心，建立了最基本的智能交通管理系统的框架，以视频监控、单兵定位、122 接处警、GPS 警车定位、信号控制、集群通信为代表的 171 个应用子系统共同构成了这一版本的系统，也共同完成提升智能交通管理实战能力的任务。自 2011 年开始，北京依托浮动车数据，开始实时发布道路交通拥堵指数，以综合反映道路网运行状态，并以"畅通""基本畅通""轻度拥堵""中度拥堵""严重拥堵"五个级别表示交通拥堵情况，在交通运行决策指挥方面发挥了重要作用。在接下来的几年里，其他城市也纷纷开始实施智能交通管理。其中，石家庄市智能化交通建设的成果显著，陆续完成IC 卡电子收费系统、智能调度系统、办公自动化系统、车场监控系统等的建设，基本实现了公交车收费电子化、车辆调度智能化、办公管理自动化。南京市交通信息服务系统目前情况良好，能够为广大群众提供实时路况查询、动态路径诱导、公交查询、停车场车位查询和预订、交警服务信息免费告知、高速公路信息查询等服务。像上海、深圳、西安、天津等城市还把大数据分析以及云计算概念结合到智能交通规划设计中，这进一步扩宽了城市智能交通系统的使用范畴。

第二节　城市智能交通系统的技术基础

城市交通信息采集技术、城市交通信息传输技术、城市交通信息处理技术、城市交通信息发布与显示技术是目前城市智能交通系统中最核心的技术。

一、城市交通信息采集技术

城市交通规划和交通管理的基础都是交通信息，交通信息是一切工作的基础信息。这些覆盖范围全、内容详细丰富并且实时的交通信息的主要作用是能够提供最及时的城市道路交通状况，并且通过当前情形做出交通发展的合理预测。为城市交通规划和交通管理部门的正确决策提供科学依据。智能交通采集技术的实质主要面向的是动态交通信息。目前，智能交通信息采集技术主要分为以下几大类。

（一）感应线圈检测技术

感应线圈检测技术是一套用感应线圈在技术中担当检测器，检测到车辆通过或存在于检测区域的技术，主要应用于交通量信息的检测。这种技术的优点是具备很高的稳定性和可靠性，灵敏度也很强，得到的数据十分准确，并且它对周围工作环境的要求不高，有着广阔的发展前景。

（二）微波检测采集技术

目前比较常用的微波检测装置有微波交通检测器和雷达测速仪。

微波交通检测器主要应用雷达线性调频技术。当有车辆行驶到测试区域内时，雷达发射出的调频微波的波束会因为传递到正在行驶的车辆上而发生反射。这些反射波通过多普勒效应使频率发生偏移，而这个频率的偏移能检测出有车辆通过，之后通过接收、处理等一系列工序之后，达到检测道路交通信息的目的。

雷达测速仪同样是根据多普勒效应对行驶中的车辆进行测速的装置。它所应用的测速原理是雷达波的反射。当雷达波与正在移动的物体相遇时，可以根据反射回来的与目标速度成正比的雷达信号，由测速仪内部的线圈将信号进行处理后得到一个频率的变化，再通过数字信号处理（digital signal processing，DSP）技术处理后得到目标的速度。

（三）视频采集技术

视频采集技术是一种基于视频图像处理的交通信息检测技术，具备图像监控和交通数据采集双重功能，在实际应用中具有较高的灵活性。目前，国外较成熟的产品有美国 ISS 公司的 Autoscope 系列产品、美国 ITERIS 公司的 Iteris 系列产品、英国 Peek 公司的 Peek 系统等。国内较成熟的产品，如川大智胜公司的基于 PC 平台实现的视频采集系统、清华大学的 visat aram 系统和哈尔滨工业大学的 VTD3000 视频交通动态信息采集及事件分析仪等。视频交通图像数据处理流程如图 7-1 所示。

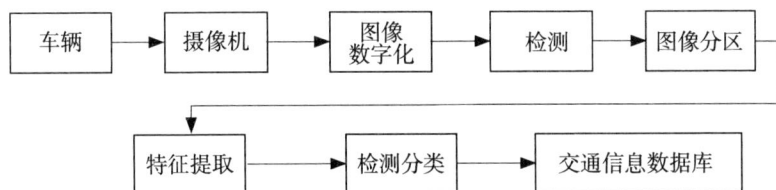

图 7-1　视频交通图像数据处理流程

（四）车辆自动定位技术

车辆自动定位技术是一种基于 GPS 的交通信息采集技术，主要通过装载有 GPS 的浮动车（floating vehicles）获取道路交通信息。与其他技术相比，它使用起来十分方便，而且经济效益高，能够使用的范围十分大。浮动车在实际道路上自由行驶的时候，借助车内安装的 GPS 接收机，可以对车辆的速度、行驶方向和位置等交通信息进行采集，并将采集的数据通过无线通信技术传到数据处理中心。

（五）其他先进的信息采集技术

其他信息采集技术中较为先进的还有蓝牙技术、手机定位技术、遥感技术（remote sensing，RS）等。蓝牙技术是一种解决各种移动设备接入的短程无线通信技术，在智能交通系统中具有很好的应用前景。手机定位技术是依靠特定的定位技术，对移动手机或者终端用户的位置信息进行采集和获得，通过短信、多媒体、语音发给用户或以此为基础提供某种增值服务，在电子地图上标出被定位对象的位置的技术或服务。遥感技术作为一种高效能的信息采集技术，可以不通过直接接触目标物而获得其信息。

二、城市交通信息传输技术

在城市交通信息管理与服务系统中，城市交通信息传输具有重要作用。ITS中常用的通信方式主要包括车车通信、车路通信和车（路）与指挥中心通信三类。

（一）车车通信

车车通信主要是利用车辆安装的车载无线信息收发设备实现车车之间的信息交互，使车辆在行驶过程中能够彼此感知，以确保其在不同行驶条件下的安全性和高效性。通常情况下，车车通信都会使用专门的短程通信方式，常用的车车通信技术包括蓝牙技术和无线通信技术等。

（二）车路通信

车路通信主要是利用车辆所装的无线通信设备与路边交通基础设施之间进行信息的交互，使经过基础设施的车辆实时获取所在局部路网的路况信息、服务信息等，实现车辆安全、顺畅行驶。常用的车路通信技术包括射频识别、红外线、微波等。

（三）车（路）与指挥中心通信

车（路）与指挥中心通信顾名思义是交通控制中心与车辆（道路）间的通信。通常情况下，下列几种方式是车（路）与指挥中心通信的主要实现方法：①借助蜂窝网的无线电话，可有效地连接正在行驶的车辆与交通管理中心之间的通信；②调频（frequency modulation，FM）广播也是获得道路交通信息的有效途径，这些道路交通信息包括交通阻塞、突发事故的信息；③借助红外线手段实现双向通信。交通控制中心能够接收车辆发出的信息，这类信息主要是行程的时间、排队的时间、OD信息等。如果车辆还安装了车内导航装置、红外接发器、车辆定位装置和显示器等装置，那么不仅可以接收到实时的道路交通信息，还能够根据得到的信息计算出最适合的路线。

三、城市交通信息处理技术

城市交通信息处理主要是管理交通流信息的流通，将其存储为有用的形式，然后由最终用户以实时或存档的形式利用。城市交通信息处理技术包括数据质量控制技术、数据集成与融合技术、数据存储技术和数据挖掘技术等。

（一）数据质量控制技术

当采集到的数据进入交通指挥中心后，中心会对数据进行各种处理，在对数据处理时需进行数据质量控制。数据质量控制是一种采用一定的措施，使数据在采集、存储、传输中满足相关的质量要求的过程。数据质量控制技术主要包括错误数据的辨别与修正、丢失数据的识别与补齐、不准确数据的识别与修正。

（二）数据集成与融合技术

为运用有效方法合理协调智能交通系统中的多源数据，充分利用有用信息，并提高在复杂环境中正确决策的能力，需对数据进行集成和融合。

1. 数据集成技术

数据集成是指将不同来源、格式、特点、性质的数据有机地集中，从而有效利用。近年来，交通研究人员开发了两种方法用于指导数据集成，分别是数理统计方法和小波分析（wavelet analysis）方法。其中，数理统计方法是基于数据序列变化率的分析。这种方法直观且方便，但计算结果会包含无用信息，这就导致交通工作者需要对集成数据序列里的信息进行甄别，有时候也会有甄别不出来的情况，遗失部分信息。小波分析方法是 20 世纪 80 年代中期发展起来的一门数学理论和方法，随后迅速发展。小波分析方法是一种新兴的变换分析方法，它与 Fourier 变换有异曲同工之处，都是用信号在一簇基函数形成空间上的投影表征该信号。小波分析在时域和频域同时具有良好的局部化性能，有一个灵活可变的时间 - 频率窗，这样在信息有效性方面也获得了提升，伸缩和平移等运算功能的作用是对函数或者信号进行多尺度细化分析，特别适用于非稳定信号的处理和提取。

2. 数据融合技术

数据融合是指将多源信息通过一定的方法或准则结合起来得到更理想结果的过程。数据融合技术作为一种数据处理技术，涉及许多学科和技术。如果单看数据融合的广义定义，那么它主要由通信、模式识别、决策论、不确定性理论、信号处理、估计理论、最优化技术、计算机科学、人工智能和神经网络等组成。

（三）数据存储技术

数据存储是数据流在加工过程中产生的临时文件或加工过程中需要查找的信息，数据以某种格式记录在计算机内部或外部的存储介质上。网络数据存储技术是当下最普遍的数据存储技术之一，即将网络技术和存储 I/O 技术进行集成，利用网络的可寻地址能力、即插即用和连接性、灵活性，提供基于网络的数据存取以及共享服务。常用的网络数据存储技术有网络连接存储和存储局域网两种主流方式。

（四）数据挖掘技术

当前，数据挖掘技术应运而生，它是一种面向应用的数据分析处理技术，能够在短时间内有效并深入地对海量的交通信息进行分析，挖掘出交通数据中的隐含信息。数据挖掘技术主要被应用在挖掘实时交通模型和综合交通模型中，对交通实行管理和控制，进而使交通系统的服务水平得到提升。最常见的数据挖掘技术有人工神经网络技术、决策树技术、遗传算法技术、最近邻技术、规则归纳技术、可视化技术等。

四、城市交通信息发布与显示技术

常见的城市交通信息发布与显示技术有互联网技术、调频广播、地理信息系统和终端显示技术等。

（一）互联网技术

万维网（WWW）是一个由许多互相链接的超文本组成的系统，是互联网最方便与最受用户欢迎的信息服务类型。

当下交通信息发布的最新形式是运用网络向公众提供信息服务，这可极大地提高交通系统的管理能力和服务水平。同时，网络发布具有信息量大、直观灵活、互动性强等优点。

（二）调频广播

调频是一种以载波的瞬时频率变化来表示信息的调制方式。调频在城市智能交通系统中的应用，即交通广播。驾驶人可通过车内的收音机接收广播信息，这种方法与通过视觉获取各个信息板面上的信息相比更为方便。现在的交通广播并没有重新建立专门的交通广播电台，而是把广播资源的利用率提高，在现有调频电台的基础上，用电台的副载波对交通信息进行调制，最后在电台节目发射的同时，把这个副载波一并发射。

（三）地理信息系统

地理信息系统的基础是空间地理数据库，计算机软硬件在这个系统里起着非常重要的作用，主要用于对与空间有关系的数据的采集、管理、操作、分析、模拟和显示。地理信息系统主要应用地理模型分析法，在适当的时间把种类多样的与空间和动态有联系的地理信息提供给受众，为地理研究和决策服务。

交通地理信息系统（geographic information system for transportation，GIS-T）是具备收集、存储、管理、综合分析和处理空间信息与交通信息的计算机软硬件系统，在交通领域中，实际上就是 GIS 和多种交通信息分析和处理技术的结合。GIS-T 具有强大的信息服务和管理功能，被应用到交通规划、交通运输管理和工程设计施工等相关部门。

（四）终端显示技术

交通信息终端显示的方式很多，以可变情报板、信息亭、车载终端、掌上电脑和个人电脑等渠道作为交通信息发布方式，并逐渐得以应用。

第三节　建设城市智能交通系统

一、城市智能交通系统的构成

交通信息管理系统、交通管理系统、紧急救援管理系统、收费管理系统、公共交通管理系统、客货运管理系统、交通信息服务系统、安全驾驶支持系统等作为功能系统共同构成城市智能交通系统。

（一）交通信息管理系统

交通信息管理系统由两部分组成，分别是公共交通信息管理系统及交通数据管理系统。

1.公共交通信息管理系统

在交通管理系统中，负责运营调度和乘客出行服务的系统被称为公共交通信息管理系统，它能够为提升公共交通管理水平和出行服务质量提供支持。当前，公交信息化已经成为发展趋势，而城市公交信息管理系统是对各种公交信息（常规公交、地铁、轻轨、快速公交）等进行采集、存储、管理、分析、展示、应用和决策，提供公交信息查询、公交线网优化、公交资源组合和优化配置，并能够实现对公共业务信息综合管理的一种应用性质的软件系统。该系统往往以 GIS 为基础平台。

2.交通数据管理系统

交通数据（ITS 数据）的根本是道路网，它最基本的地理框架信息是以道路网为基础的，另外它还整合了社会经济信息和交通信息。前者主要包括商业服务单位、设施等；后者分为两个部分，分别是以道路条件、交通规则为代表的静态交通信息和以实时路况信息为代表的动态交通信息。所以，ITS 数据库是一种综合的数据集，包含的信息量巨大。交通数据管理系统是对 ITS 数据进行处理、维护及管理的系统，一般有三层结构，即数据层、支撑层、业务层，如图 7-2 所示。

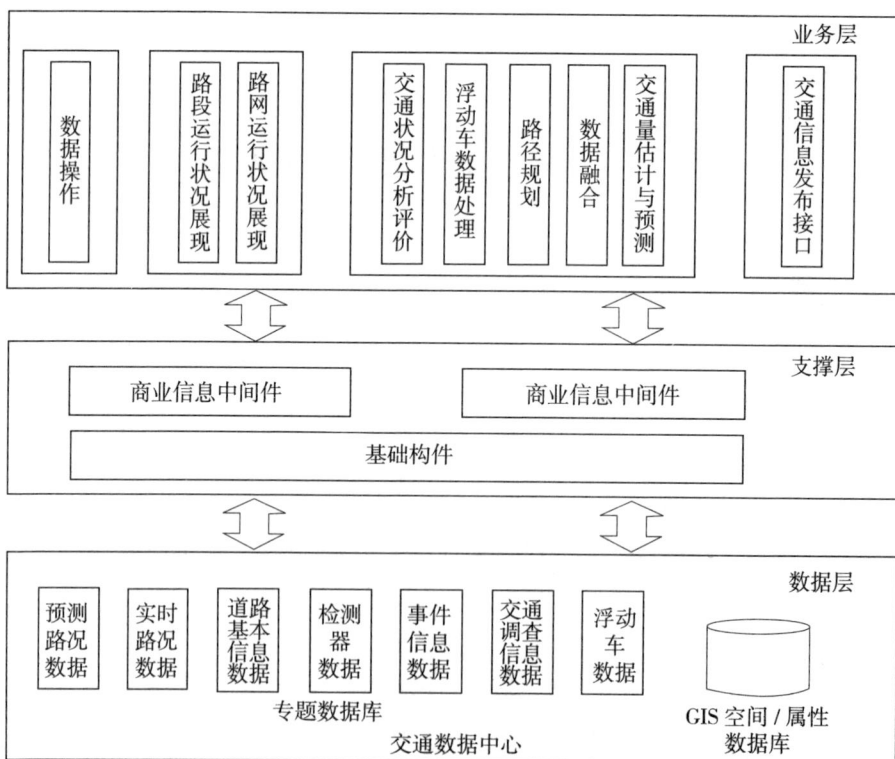

图 7-2　交通数据管理系统层次结构

（二）交通管理系统

先进的交通管理系统是 ITS 的重要子系统之一。

先进的交通管理系统的内涵十分丰富，具有很多的分支系统，其中主要有交通信号控制系统、交通需求管理系统、交通事件管理系统、高速公路交通监控系统、电子警务与办公自动化系统、停车场管理系统、多模式交通衔接系统、道路基础设施管理系统。

1.交通信号控制系统

城市交通控制系统主要有 SCOOT、SCATS、TRANSYT 等，此外也出现了一些基于人工智能技术应用的系统。

2.交通需求管理系统

交通需求管理是为了能够把机动车的出行量降低，进而使交通拥挤的现象减轻甚至直接消除而出台的各种交通政策。这些具有导向性的政策，在交通参与者进行交通选择时能够有所根据地进行变更。TDM 是主动式的管理，这种管理形式的好处是，当处于一个适度的运输供给规模时，它能够对运输需求的总量有所控制，把其中不合理的运输需求直接排除，再对运输需求进行分散和调整处理，这样就能达到平衡的运输模式，整个运输系统就能正常地使用，使铁路、公路等客、货交通迅速、安全，可节约资源、改善环境。TDM 典型策略有合乘管理策略，HOV 车道策略，HOT 车道策略，可变收费策略，实时路径诱导策略，机动性管理、响应需求的公共交通策略，购车指标限制策略，等等。

3.交通事件管理系统

交通事件管理系统是智能交通系统的子系统。现在道路交通中存在的安全性问题、有关管理机构的运行效率问题、人力和物力问题都是交通事件管理系统能改善和提高的。另外，它还能把信息发布的范围扩大，把延误减少，把事故的反应时间减少，加快处理事件的速度和清理道路的速度，降低对环境的影响和运行成本，还可以改善事件当事人、事件处理人员和其他道路使用者的安全程度。交通事件管理系统包括事件检测子系统、事件分析子系统、对策决策子系统、救援执行子系统、评估子系统、档案管理子系统等。

4.高速公路交通监控系统

高速公路交通监控系统是对高速公路交通流运行状态、交通设施和交通环境的监测以及对交通流行为的控制。其监控的主要目的是通过对高速公路全线的交通流量监测、交通状况监测、环境气象监测、运行状况监视，产生控制方案，从而控制交通流量，改善交通环境，减少事故，使高速公路达到较高的服务水平。高速公路交通监控系统控制流程图如图7-3所示。

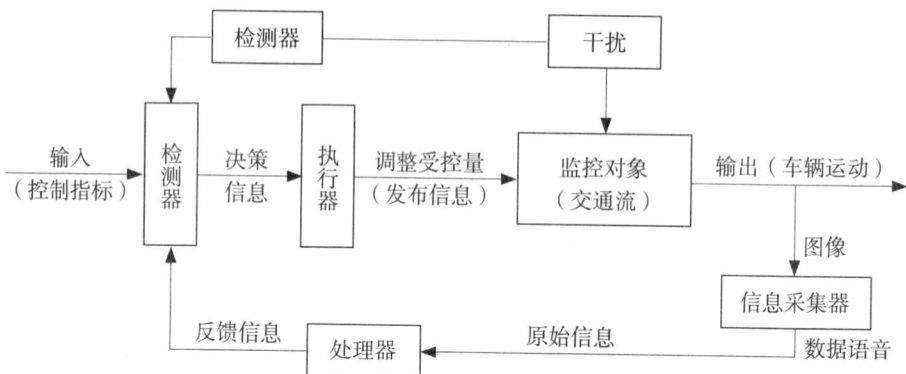

图7-3 高速公路交通监控系统控制流程图

5.电子警务与办公自动化系统

电子警务就是利用电子信息网络组织开展和实施的警务工作与警务管理，借助网络的强大功能提高警务工作和警务管理的效率与质量，进而提高公安机关新形势下履行职能的能力。

办公自动化系统是一种人机信息处理系统，其中"人"主要指的是办公人员，"机"指的是先进设备，也就是计算机、网络、现代化办公用品，它们通过目前先进的科学技术相互融合，构成了办公自动化系统。

6.停车场管理系统

为提高停车场管理的科学水平，便于目前停车场数据信息的管理和后续停车诱导系统的建立，有必要采用先进的软件开发技术，开发城市停车场管理系统。城市停车场管理系统主要利用对各种数据信息的添加录入、删除修改、组合查询等各种数据操作功能，完成城市停车场数据库的实时、动态维护管理。

7.多模式交通衔接系统

多模式交通衔接系统的主要作用是能够集聚辐射，它作为城市的基础设施，可以为城市内部交通方式之间、城市与周边地区之间的各种联系提供依据，对城市内外与城市内部交通进行整合。多模式交通衔接系统主要包括内外交通衔接系统和内部交通衔接系统。

8.道路基础设施管理系统

我国的公路建设发展迅速，这也促使了道路基础设施管理的任务转变为以保证道路提供优质、快速的交通服务为重点。道路基础设施的信息化管理，为提高我国道路管理工作的水平提供了技术支持和高科技手段。道路设施管理系统分成不同管理模块，每个模块负责某一方面的数据处理和方案管理，道路监测子系统、数据存储子系统、数据分析子系统、结构管理子系统、作业管理子系统、财务信息管理子系统这六大部分相互配合完成管理工作。

（三）紧急救援管理系统

紧急救援管理系统的终极目的是要把交通事故的损害减到最小，同时争取最大的社会效益，这就需要其在保证一体化管理的基础上，整合公安内部资源和社会资源，在最短的时间里对发生的交通事故有最快的反应，使得在交通事故影响的范围内，及时有效地进行伤员救治、设施抢修、障碍排除、交通恢复的工作，尽可能地把交通事故的影响降低到最小。

1.紧急救援预案

交通安全应急管理系统中最为核心的部分就是紧急救援预案，它预先对可能发生的各种不同的突发情况做出合理的应急预案，再由专业的救援部门进行日常的救援人员演习训练，确保人力以及各种物力资源时刻处于备战的状态，同时当有交通事故发生的时候，救援部门还要进行有效的指导，让应急行动能够在有秩序的情况下进行，这很大程度上能够避免现场由于混乱或者组织不恰当造成的工作失误问题。

2.紧急救援管理

紧急救援管理是指个人或者组织通过监测、预警、准备、反应、恢复、总结等方式，对交通事故的危害进行控制和限制，使其不再进一步扩展。紧急救援管理能够有效地把事故导致的伤亡和经济损失降到最低，并且能够避免二次事故。另外，还能够减少交通事故造成的交通拥堵、交通延误，让交通更加安全、畅通，交通运输的效率也会大大提升，这就意味着交通事故可能引发的间接经济损失会减少。同时，交通事故紧急救援管理系统需要在紧急事故发生的时候承担紧急救援调动中心的职责，负责统一的调动、救援的实施，提供用户咨询、线路查询、路况查询、业务咨询、人工服务等相关服务项目，受理各种用户投诉，提供人工服务等。

（四）收费管理系统

高速公路电子收费系统、公共交通收费系统及停车场收费系统是智能交通系统里收费管理系统的三大子系统。

1.高速公路电子收费系统

高速公路建成以后，收费管理是其重要的日常工作内容之一，它关系到高速公路社会效益的发挥，这在客观上要求通过建立合理的高速公路管理系统来进行科学和有效的收费管理。高速公路收费管理系统的形式主要有三种：人工收费管理系统、半自动收费管理系统和全自动的电子收费管理系统。电子收费系统作为全自动的电子收费管理系统，是智能交通系统框架的重要组成部分。许多国家都将电子收费系统作为ITS领域最先投入应用的系统来开发，电子收费系统也是当今世界唯一得到大规模产业化运用的智能交通系统的子系统。

2.公共交通收费系统

随着技术的发展，以前的接触式IC卡公交收费系统逐渐被射频技术取代，即使用非接触式IC卡。公交收费系统一般由结算中心、汇总传输点和充值点三大部分组成。公交IC卡系统主要包括数据采集、数据传输、数据处理三部分。

3.停车场收费系统

停车收费是指对接受停车场提供的产品或服务的受益者收取的费用。停车收费对交通需求结构的影响是政府运用价格杠杆来缓解中心区停车问题时要考虑的主要因素。非接触式IC卡停车场收费系统是目前国际上最先进的电脑收费管理系统之一，它的优点特别多，操作起来简单、快速、方便、效率高，收费时的准确性和可靠性都很高，同时具有良好的保密性，灵敏度极高，具有较长的使用寿命，使用时的形式灵活多样，功能极其强大。

（五）公共交通管理系统

公共交通管理系统主要以出行者和公交车辆为服务对象，包括城市常规公交运营管理系统、快速公交运营管理系统、城市轨道交通运营管理系统。

1.城市常规公交运营管理系统

城市常规公交运营管理系统由运行系统与公交企业管理系统两部分构成，两个系统之间将通过公交通信子系统和数据中心实现数据的共享及其他相关业务的操作。其建设和运营涉及信息领域、数学优化领域、管理领域及资源调度领域等多学科的知识，并需要应用通信、控制、计算机网络、GPS/GIS 等现代高新技术。

2.快速公交运营管理系统

快速公交运营管理系统主要分为快速公交乘客信息系统、快速公交控制系统、售检票系统。其中快速公交乘客信息系统为乘客提供全方位、多层次的信息服务，能够达到方便乘客出行、吸引出行者乘坐快速公交车、改善公交形象、提高服务质量的目的；快速公交控制系统确保公交车辆运行可靠稳定，并利用信号优先等改善公交服务质量；快速公交运营管理系统一般采用与轨道交通类似的售检票系统，往往是在车站或枢纽点上完成的，以便于乘客快速上下车。

3.城市轨道交通运营管理系统

城市轨道交通运营管理与城市智能交通密切相关，主要涉及城市轨道交通智能化综合监控系统和列车运行自动控制系统，它们是城市轨道交通运营管理智能化的典型子系统。

城市轨道交通智能化综合监控系统最大的长处就是能够把原本相互之间没有关联的各种设备控制系统在网络的作用下紧密地连接在一起，共同完成监控以及各个子系统之间设备的协调，这样就能提升所有种类的设备的工作效率，城市轨道交通运营成本也会因此降低，具有一定的经济效益，在综合决策方面，也因为各个设备的技术支持，能够上升一个档次，这样乘客们乘车会更加方便、快捷，舒适度也会有所提高。当有灾害发生时，整个系统能够尽其所能地保障乘客的人身财产安全，"高安全、高效率、高品质服务"不再是一句口号，在智能型城市轨道交通中已经有所体现。

列车运行自动控制系统将车载信号作为主体信号，将具体的车速和车距信息提供给列车，列车能够通过信息的反馈自行调节速度，以防超速，保持车距，最终达到列车在到站时能够程序性地定位停车。

（六）客货运管理系统

道路运政管理系统、客货运运营管理系统二者共同配合，组成了客货运管理系统。

由于在交通方面我们有相关的国家方针、政策和有关法规，所以各级交通主管部门在实施具体工作时要首先参照法律规定，再参照道路运输业的政策指导、计划调节、法规保障、行政指令等，道路运政管理的主要内容是运政机关日常管理行为。道路运政管理系统总体框架如图7-4所示。

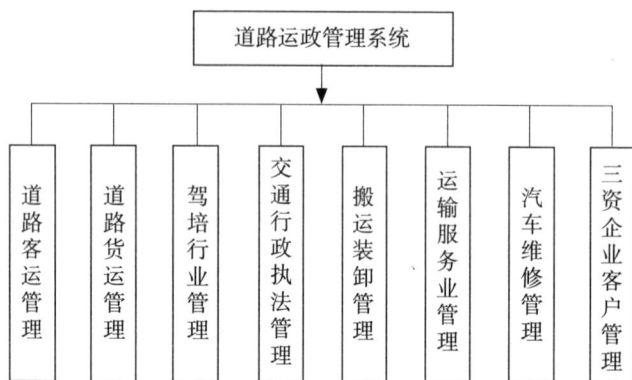

图7-4 道路运政管理系统总体框架

在整个客运系统中，道路客运在其中占据了极其重要的地位。我国现在的实际情况是，道路客运网络以大、中、小城市为中心向其周围的众多农村扩散。一般大型现代化客运站的运营管理是由若干不同性质和功能的子系统组成的，运营管理的主要内容可分为综合枢纽作业协调管理和组织服务性管理两大部分。

道路货运运营管理包括道路货物运输的经营活动方面、市场秩序方面、运输安全方面以及相关当事人的合法权益方面。道路货运管理系统要保证这些方面的有序、有效运行，它由基础数据管理模块、任务生成与执行控制模块、车辆运行控制模块、驾驶人控制模块与企业生产运营评价模块五部分组成。

（七）交通信息服务系统

交通信息服务系统在智能运输系统中占据主导地位。交通信息服务系统可以通过各种通信装置，实时向旅行者提供相关的交通信息，主要包括停车诱导系统、实时道路交通信息发布系统、实时公交信息发布系统、多模式交通换乘信息发布系统、对外客运交通信息发布系统、定位导航系统。

1.停车诱导系统

停车诱导系统就是利用不同的渠道，给驾车出行的人传递实时的停车信息，使停车更加便利，满足停车疏导的要求，这样也能使道路交通服务水平进一步提升，因为停车巡游导致的交通拥挤、行驶速度缓慢等方面的道路交通压力也会被进一步缓解。

2. 实时道路交通信息发布系统

交通流实时动态信息和各种交通服务信息是实时道路交通信息发布系统最基本的功能之一，该系统将规范处理后的信息通过不同方式进行发布，同时向用户提供信息查询和各种扩展功能，如路线安排、车辆诱导等。目前，北京市交通委员会和北京市公安局公安交通管理局网站均可进行实时路况查询，人们可以通过此系统查询北京市主要道路的拥堵、缓行、畅通状况以及是否有发生突发事故、施工、限行等实时路况信息。

3. 实时公交信息发布系统

实时公交信息发布系统的核心是直接面向公交出行者的窗口服务系统。智能公共交通信息服务系统能够为出行者提供交通信息的支持，它担当出行者信息和交互媒介的角色，而出行者会对整个系统进行评价。公交信息主要通过各种信息技术进行发布，包括支持数据广播、Web、E-mail、RSS、短信、声讯等。

4. 多模式交通换乘信息发布系统

多模式交通换乘信息发布系统的主要工作是为乘客提供各种信息服务，主要包括交通工具的行车时刻、运行路线、换乘站点、客运站场、周边地理信息、票价及道路交通状况、气候条件等换乘相关信息。出行人员可以根据这些选择最恰当的出行路径、交通方式、换乘方式及出发时刻或是取消出行计划。多模式交通换乘信息发布系统主要利用显示屏、广播、查询平台、手机等终端技术发布信息。

5. 对外客运交通信息发布系统

对外客运交通信息发布系统是在先进的交通服务信息系统的基础上，集成各种终端和媒体为公众出行人员提供城市间客运出行信息服务，使出行者能实时获得出行前、出行中的交通、旅游、气象等信息服务。

6. 定位导航系统

定位导航系统是 ITS 设施的一个主要应用系统，高级的定位导航系统是一个复杂的大系统，配有计算机、GPS 接收机和各类传感器等设备，充分利用检测、通信、计算机、控制、GPS 和 GIS 等现代高新技术。它的特别之处在于能够以动态的方式，为正在驾驶的人提供实时的交通信息以及最合适的路径引导指令。通过对道路上的车流进行引导，平衡路网车流在时空上的合理分配，提高道路网络运输效率，缓解交通阻塞，减少空气污染。

（八）安全驾驶支持系统

安全驾驶支持系统主要包括一系列车载设备组成的检测、决策及控制系统，该系统可以检测周围环境对驾驶人和车辆产生影响的各种因素，并根据检测结果进行辅助控制或自动驾驶控制，进而提高行驶过程中的安全系数以及道路的通行能力。

2009 年，谷歌工程师塞巴斯蒂安·特龙等人研发无人驾驶汽车。美国是最早允许使用无人驾驶汽车的国家，开始 2012 年 5 月 8 日，美国内华达州的机动车辆管理部门授予谷歌研制的这款无人驾驶汽车驾驶许可证，所以谷歌的这款无人驾驶汽车在短时间内就能在内达华州正常行驶。谷歌无人驾驶汽车已经行驶超过 160 万千米。

百度公司无人驾驶汽车项目于 2013 年起步，通过与第三方汽车厂商合作，制造了国内首辆无人驾驶汽车。2015 年 12 月，百度无人驾驶汽车项目有了显著的成果。百度表示，旗下研制的无人驾驶汽车是国内第一个能够完成城市、环路以及高速道路混合路况中完全自动驾驶的汽车。另外，大数据、地图、人工智能和百度大脑等一系列技术正逐步被百度运用到未来无人驾驶汽车的设计当中。

二、城市智能交通系统的发展目标和需求分析

（一）城市智能交通系统的发展目标

城市智能交通系统的发展目标包括以下几个方面。

（1）建立城市级功能完善的、高效运行的智能化交通运输体系。

（2）为交通运输规划部门和管理部门提供信息化的决策支持手段。

（3）构建高效的交通信息基础设施，使整个交通运输系统实现信息共享。

（4）通过交通信息发布系统和交通诱导系统引导合理的交通消费模式，使交通行为由无序变为有序，提高对交通事故的快速反应能力，增强出行的安全性和可靠性。

（5）提高交通运输企业的经济效益，降低能耗，减少排放，保障城市可持续发展。

（二）城市智能交通系统的需求分析

在满足城市智能交通系统的发展目标的前提下，城市智能交通系统的需求分

析包括交通信息集成需求分析、信息交互与数据共享需求分析、交通信息标准化需求分析、系统开放性需求分析、信息服务与信息资源共享需求分析五个部分。

1.交通信息集成需求分析

目前，交通系统的数据采集有不同的方法，比较有代表性的有感应线圈、紧急电话、GPS、视频、普通电话以及对事故、气候、施工信息及处理后的交通信息的获取。由于采集的信息质量没有保障，这些信息可能在来源、精度、时效等方面还存在着不兼容的问题，所以城市智能交通系统还需要具备整合多种信息的能力，以保证信息的准确、可靠、实时、一致。另外，把来源不同的交通信息的特征相互融合也是本系统的一大工作。城市智能交通系统还应具有随时接收信息的交互作用能力，以确保其灵活性、正确性和实用性。

2.信息交互与数据共享需求分析

交通信息应用已有较长的历史，由于种种原因，这些系统都相对独立。不同时期的不同建设者所采用的技术方案都不相同，这对集成化城市智能交通信息系统的建立来说并不简单，由于时间要求得较为严格，这样的操作难度系数极大。所以，针对这一状况，能够跨平台实现信息交互和数据共享极其必要，使交通信息的交互不依赖目前所用的城市智能交通系统的功能平台。因此，采用这种技术，重要的是需要一个完整、统一的城市智能交通系统信息标准。

3.交通信息标准化需求分析

统一的交通信息标准是信息共享必不可少的前提。交通信息量与城市智能交通系统的功能要求有着密切的关系，城市智能交通系统功能越多、越完善，要求的信息量越多；反之，城市智能交通系统功能越少、越简单，要求的信息量也越少。在建立、应用城市智能交通系统的初始阶段，所涉及的交通信息的难度系数可以比较低，但是当城市智能交通系统的应用研究得更加详细的时候，所涉及的交通信息的难度系数应随之增加。但不管是何种情况，都需要统一的交通信息标准。

4.系统开放性需求分析

由于交通信息采集技术在不断地改进，采集手段也越来越多，现在城市智能交通系统得到交通信息的形式也多种多样，如图像、图形、语音和数字等。城市智能交通系统由于它本身集成化的特点，能够接收各种各样媒体形式的交通信息便是它能正常工作的关键。

交通由多个部门管辖，所有部门都已经或正在建立各自的应用系统，它们都或多或少地拥有自己的数据采集系统。所以，为了实施和应用城市智能交通系统而重新建立完全专用的采集系统是没有必要的，而应设法利用它们已经采集的信息进行集成；城市智能交通系统也可为它们提供交通信息服务。可见，开放性和透明性是城市智能交通系统的必然要求，这就需要与各个行政部门之间能够实现良好对接。

5.信息服务与信息资源共享需求分析

实现城市智能交通系统的功能靠的是信息资源共享。城市智能交通管理综合信息平台的作用是把城市智能交通系统内部的相关信息资源的作用发挥到最大，改变过去每个系统之间没有关联，很多收集到的信息不能得到合理利用的资源浪费现象，实现与其他城市智能交通相关系统的资源共享。通过各系统认可的数据交换接口进行信息资源共享能够确保各个系统之间的独立和安全，保证了交通数据能够为大众所用，也就是给大众提供最大的便利，同时可以提高各系统的工作效率。城市智能交通在相关系统的共同作用下，更好地完成有关信息的采集、融合、处理、挖掘、发布及反馈等工作，这样系统的信息优势就能得到全面的发挥。另外，从采集到的海量信息中进行甄选和归纳能得到有规律的知识，系统智能化的发展方向正是依据这些有规律的知识，进而实现交通管理信息化以及电子政务。车辆管理、驾驶员管理、违法处理、事故处理、交通设施管理、宣传管理等方面都是城市智能交通系统主要关注的方面，该系统以信息网格化为基础，目标是实现交通信息管理的网上办公。

三、城市智能交通系统规划案例

以广州在亚运会之前进行 ITS 规划为例，展现 ITS 规划理论的实际应用。广州市亚运 ITS 的发展目标是"便捷亚运，畅通广州"。2010 年的亚运会是一个极好的契机，广州市建立了智能交通公用信息平台，用于交通信息的处理、共享和发布，这样政府、企业以及出行人员的交通决策、综合管理、信息服务等都可以依靠这个管理系统来实现。另外，广州市智能交通系统的基础框架已初具模样，为 2010 年的亚运会提供了更加便捷、安全性高、经济效益好并且环保的交通运输服务和综合交通信息服务。

（一）总体框架

亚运 ITS 在如今已然成为了人们重视的焦点，也引发了大量专家学者对其进行深入的研究和探索，以便更好地为亚运会的举办以及目标的达成创造良好条件。广州的亚运 ITS 总框架是以 ITS 子系统为基础建立和发展起来的，其中 ITS 公用信息平台是其核心，重点建设 8 个 ITS 子系统，并实现城市之间的 ITS 互联，形成一个综合管理、面向应用、信息互访的有机整体，其总体发展框架如图 7-5 所示。

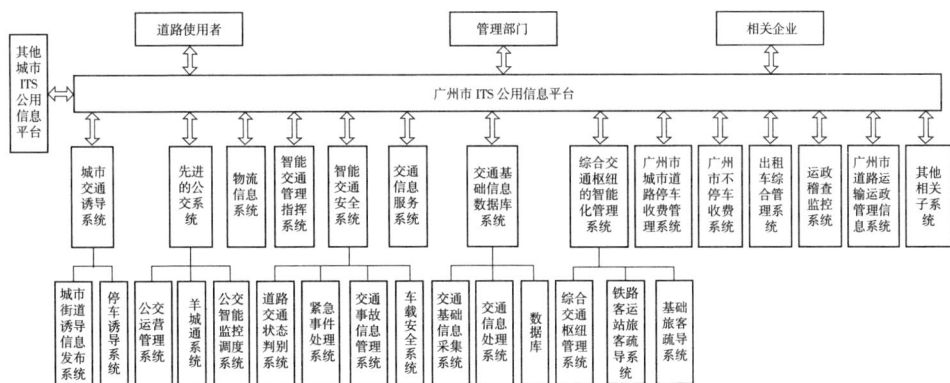

图 7-5 广州市亚运 ITS 发展框架

（二）重点建设项目

根据亚运会对交通的要求和广州市智能交通系统发展目标及框架，针对广州市交通方面需要解决的问题，广州市展开了 ITS 建设，其中有 8 个 ITS 子系统项目需要重点发展，下面对其规划情况做具体介绍。

1. ITS 公用信息平台

广州市 ITS 公用信息平台和各子系统间的关系如图 7-6 所示。

（1）继续平台建设，同时必须提高对结构功能的重视程度，找到功能缺陷，并对其进行有效的弥补，从而在平台联网、数据处理等方面获得较为理想的效果。该平台当中的 GIS 系统、辅助决策及其他相关功能模块的改善也能提升平台的水平。

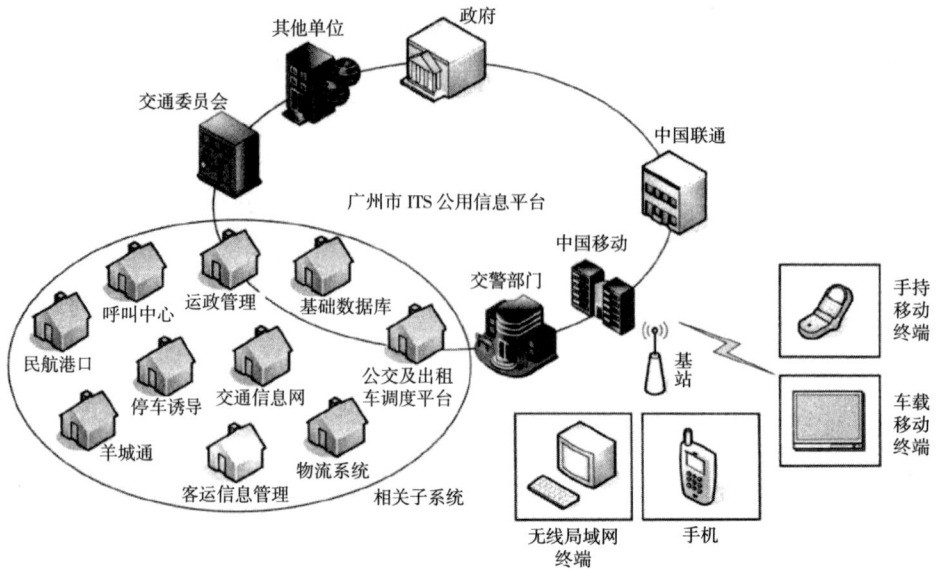

图 7-6 广州市 ITS 公用信息平台和各子系统间的关系

（2）完善和扩展信息服务功能。ITS 公用信息平台主要应完善两个功能：一是要加强信息服务功能，平台的信息发布渠道也要进一步完善；二是要优化亚运会信息服务功能，尤其是要把重点放在信息查询、订阅以及联网售票这几个方面。只有这样，才能发挥整个平台的主要功能，为平台的顺利运行以及信息服务质量和效率的提升创造良好条件。

（3）促进城际公用信息互联互通以及有效共享。广州已和深圳的交通信息平台建立了联系，同时和中山的智能交通管理系统进行了有效的互联，获得了比较显著的效果，凸显了城际信息互动的优势，这也是首例城际信息互联。在这之后会完成与其他城市之间的信息互联。

2.城市交通诱导系统

在亚运会期间，诱导对象会有新的要求。在城市交通诱导系统规划时，为了进一步满足亚运会的需要，会主要规划出行诱导系统、停车诱导系统和亚运交通诱导系统。

（1）出行诱导系统。出行诱导系统主要应实现两个方面的工作：一个是为驾驶员规划行车路线，路线要参照车辆的位置和路况信息进行规划；另一个是为那些有出行意愿的人提供合理的出行方案。交通广播、可变情报板和车载设备是出行诱导系统的主要载体。

（2）停车诱导系统。该系统最为显著的功能是能够为驾驶员提供大量的停车信息，而且这样的信息供给是实时性的，指引合理的停车行驶线路，提供实时停车信息，让驾驶员能够根据这些信息进行及时有效的判断，解决他们在停车方面的难题。这一系统还包含众多的子系统，不同的系统承担着相应的职责。例如，停车场信息采集子系统可以实时提供整个停车场的信息，为人们提供更加全面的停车服务；停车诱导显示屏子系统能够为驾驶员提供优质直观的服务，辅助整个系统的高效运转。

（3）亚运交通诱导系统。该系统是将出行和停车诱导两个系统进行配合使用，共同完成亚运会期间的交通诱导工作。这个系统主要服务于亚运会，包含对亚运专用车辆的实时监控、实时诱导亚运专用车辆、在可变的情报板上公布亚运场馆及比赛信息，使得出行者更加方便，在移动以及固定终端上都能发布关于亚运会的有关信息，有利于各国运动员或者游客更好地获得信息。

3.智能交通安全系统

智能交通安全系统的终极目的就是保证亚运会期间的交通安全，也就是要尽一切可能减少事故的发生，使得广州市的交通环境安全性能够有质的提高。这个系统有六个部分，框架如图7-7所示。

（1）道路交通状态判断子系统。它的主要作用就是避免道路交通拥挤，它首先会对各个实时的交通流数据进行采集，之后分析这些数据的具体情况，给出合理的道路交通情况判断，观察交通是否拥挤，或者未来某段时间内是否拥挤，把获取到的这些信息资料进行汇总，最后把综合信息传输给用于处理紧急事件的子系统，为其妥善处理突发事件提供根据。

（2）紧急事件处理子系统。该系统和过去的智能交通安全系统不同的是，针对亚运会紧急事件类型明显增多的情况，除了原本的内容之外，还加入了与亚运会特征紧密相关的赛程变化、专用车故障等紧急事件内容，因为这些事件发生的可能性很大，并且与亚运会息息相关。因此，紧急事件处理子系统的主要作用是从交通状态判断等有关系统当中识别和收集报警信息，做好预判工作，以便在突发事故出现前就有所准备，尽可能地实行预防，一旦发生紧急事件积极应对。在紧急事件已经发生的状态下，马上开展应对和救援，进而调动每一个执行部门，使得紧急事件的处理效率有所提高。

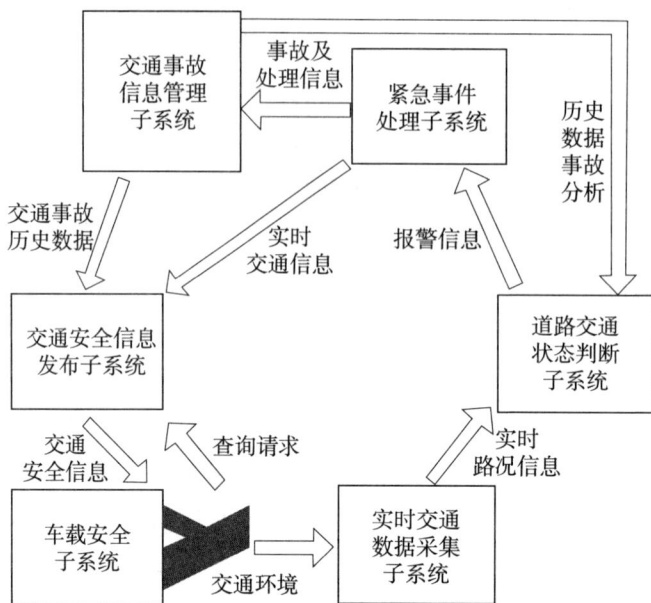

图 7-7　智能交通安全系统框架

（3）交通事故信息管理子系统。交通事故是在所有的紧急事件当中危害性指数相当高的事件。这个子系统的工作是把事故资料以及相关的背景资料都从紧急事件处理子系统中整理出来，之后再对这两部分资料进行整合，在事故信息数据库中做进一步存储。通常情况下，地理信息数据库要求那些与区域地理有关联的事故信息要单独存储其中。这些信息被存储之前，还需要经历处理和分析的过程，通过处理结果给出统计、查询等方面的辅助支持，还可以给判断事故多发地、发生事故的危险度、发生趋势等信息的获取提供理论依据，对交通安全信息发布子系统以及有关的其他系统来说，交通事故信息管理子系统是数据的来源。

（4）交通安全信息发布子系统。这是高速公路交通安全保障体系的重要组成部分，是交通管理者及时向道路使用者发布指令或提供信息，它是确保行车安全的有效手段。一旦出现恶劣天气或是发生交通事故等特殊情况，可能影响高速公路的正常运行时，交通管理者必须及时通过可变情报板、可变限速标志等设备发布相关信息，配合交通管制措施的实施。它的主要作用是辅助调节主干线上的交通流，参与交通管理与调度。

（5）车载安全子系统。车辆自身的防护是这个系统最为关注的点，亚运会的专业车辆基本上都安装了车载安全子系统。另外，像公交车这样重要的车辆也会安装车载安全子系统，这种系统能够为亚运会提供更好的保障。车载安全子系统包含七个主要的功能模块，它们分别是安全预警、防撞、车道保持、巡视控制、视野扩展、车辆行驶自动导航、紧急报警，在实际的情况中，这些不同的模块会根据自身的功能发挥其相应价值。除此以外，收集交通流和发布交通安全信息的各个系统都必须与整体系统中其他辅助的子系统配合着完成工作，所以在这个部分就不予规划了。

（6）实时交通数据采集子系统。该子系统可以提取出诸如车速、车辆数量、车身长度以及车队长度等最为基本的数据。其他实时交通数据，如行车方向以及车辆按照车身长度等标准的分类等，也可以轻而易举地得到。这一子系统主要有两种方式：一种是静态交通探测方式，主要是利用位置固定的定点检测器或摄像机；另一种是动态交通探测方式。通常，用来采集交通流数据的定点检测器有感应线圈检测器、超声波检测器、雷达检测器、光电检测器、红外线检测器等。

4.先进的公共交通系统

在亚运会期间，旅客集散基本使用率最高的交通系统是公交系统。所以，根据实际情况，也就是要参考亚运会期间的交通实际需求以及广州市交通系统的实际情况，以下3个子系统是先进的公共交通系统最重要的规划部分。

（1）公交线网分析系统。在工程建设过程中，公交线网部分是整个系统关注的对象，需要对公交线网的功能，尤其是对于决策的支持和辅助作用进行细化与增强。只有这样，才能够给公交线网的实际规划和合理调控提供保障与支持，增强公交设置的合理性。仿真模拟是实现其功能的前期准备，在线网进行优化以后，将不同之处展现出来，这样可以进一步对线网再优化。

（2）运营监控辅助调度系统。这个系统由两大部分构成，分别为用于正常情况下和特殊情况下的调度系统，它主要是拥有依据监控以及定位系统得到信息的能力，在这些辅助软件的支持下，由于有了预案，在运营指挥的过程中，能够提供更加合理的技术支持。

（3）羊城通系统。亚运会对交通有更高的要求，所以在原来交通的基础上，广州建立了羊城通系统。羊城通系统与以往的系统相比功能更加强大，主要表现在交通出行与车辆换乘等过程中能够实现有效衔接。除此以外，羊城通系统还可以提供刷卡消费服务，给广大出行者提供了便利，最大化地满足了广大出行者观看亚运会的需要。

5.智能交通管理指挥系统

智能交通管理指挥系统是在广州市公安局交警支队交通指挥控制系统基础上逐步发展和建立起来的。智能交通管理指挥系统的功能非常强大，并且覆盖范围非常广。以下是对其各个子系统规划建设的详细介绍。

（1）通信网络。这个系统最初隶属于指挥中心，原部门是具备网络节点功能转换能力的执行部门，进行改制以后由机动大队、车管所和新指挥中心3个部门共同合作完成，这3个部门在整体中被认为是3个节点，相互之间可以构成环形，起到对网络进行保护的作用。

（2）交通信号控制系统。原有的单点控制形式不变，在相互之间形成干线或者形成关联的关系，这实际上是一种交叉性的形式，会使整体的交通协调和诱导管理更加便利。

（3）交通监控系统。该系统主要是为了增加亚运会周边的场馆道路监控，在以机场高速公路、北环高速公路为代表的共8条高速公路上都进一步安装监控，形成交通图像联网。

（4）电子警察系统。为给2010年亚运会构建良好的交通环境，在2006年至2010年这4年间，广州完成了100套电子警察系统的制作工作，这很大程度上使亚运会期间的交通环境更加安全、井然有序。

（5）交通违法处理中心。该中心和支队利用光纤实现全面联网，这样可以更为有效地进行交通违法的处理，维护交通安全和严厉打击违法违规行为。在这一过程中，终端以及应用服务器等设备还能够发挥辅助功能，进一步强化交通违法处理的有效性，具体而言，就是能够整合完成各类交通违法事务的处理工作，其中包括各种非现场类的交通违法业务和各个交警大队现场执法的违法行为这两大方面，这样的违法处理中心至少要有3～5个。

（6）智能交通指挥中心。智能交通指挥中心是一个综合性的中心，处理的是整体的指挥和调动业务，可以把与交通指挥相关的各项信息功能整合起来，并在功能的彼此配合中共同完成交通指挥的任务。

6.物流信息系统

广州物流行业虽然获得了很大的发展，但是在这一过程中还显现出了很多亟待改进的问题，而问题的核心在于怎样把当前的物流信息进行高度整合和有效处理，以便站在统筹层面上提升物流系统的功能与效益、构建先进的物流信息化管理系统、发挥信息技术的优势。已建成的电子系统作为一个平台支撑物流信息系统的规划，进而创立一个属于广州市的大通关物流系统平台。企业、政府以及公众都能使用这个平台，其主要是为了满足多个主体的需要，此外此系统拥有数据服务和全方位信息服务的功能。如果想全面完整地实现以上功能，这个平台还需要在子系统建设方面加大力度，如港口社区系统、物流园区系统、运输工具调度系统等。只有使这些子系统相互配合，相应的功能才能更好地完成物流服务的任务。另外，这个系统在进行建设时一定要注重两方面的内容：一要着眼于空、铁、陆等多种不同的运输方法，扩大运输的业务形式与范围，切实实现大通关的交通信息发展；二要注重将系统功能和报关与报检系统高度融合，使得信息能够在两个系统之间贯通，这样只要输入一次信息就能顺利地在报关和报检中完成相关的业务处理。利用这样的方法，可以在很大程度上节约成本，加快信息流速，保证信息在多个领域的无障碍互动，最大化地发挥信息流的作用。

7.综合交通枢纽智能化管理系统

亚运会的到来促使广州市规划建设了综合交通枢纽智能化管理系统，这样能够进一步提升综合交通枢纽的利用率，也是在尽可能地为亚运会提供便利。

有四种基本的作业需要通过规划综合交通枢纽智能化管理系统的基本功能来实现，这是从广州市本身实际情况的角度出发，同时在现实的运输过程中，还要关注交通枢纽的压力和肩负的任务。因此，为了实现以上目的，在规划综合交通枢纽智能化管理系统的过程中，必须特别注意对以下功能进行优化和健全：① 顺利完成不同交通模式间、交通模式和枢纽协调中心间的无障碍信息互动；② 提供交通信息服务；③ 引导旅客换乘功能；④ 指导货运集疏功能；⑤ 协调管理功能；⑥ 提升能力和效率评估功能；⑦ 完善枢纽接合部安全援助和施救功能；⑧ 明确交通流的预估与协调。

8.交通基础信息数据库系统

实时交通信息以及海量信息资源是上面所提到的各个系统得以建设和运行

的根本所在。可见，交通基础信息数据库必须具备对交通基础信息采集、处理以及存储的能力，另外此数据库还需要是一体化的。交通基础信息数据库系统在进行规划的时候要注意以下三个部分的内容。

（1）实时数据采集子系统。广州市就是一个很有代表性的例子，根据广州市的实际情况和数据采集技术的发展两方面的具体情况来看，这个系统规划由三个部分共同组成，它们分别为地感线圈交通信息采集系统、依靠出租车 GPS 定位数据的浮动车交通信息采集系统以及视频检测交通信息采集系统。

（2）数据处理子系统。数据首先要进行预处理，在这之后正式步入处理模块，完成数据压缩与融合。这里说的融合主要是把那些来源于采集子系统并通过各种不同的采集方式得到的数据放在一起，最终使得数据综合信息具备完整性、准确性、及时性和有效性。

（3）数据库。数据库实际上就是大型的相互之间有关联的数据库产品的集合。数据库的分类根据现实需要进行划分，在存储基础交通信息时，必须要有几个重要的数据库作为支撑，其中最具代表性的基本数据库有基础地理信息数据库、路网属性信息库、交通信息历史数据库、交通信息实时数据库。

随着 ITS 技术不断的发展和应用，当下最重要的问题演变为对于 ITS 未来的规划以及建设应该采取什么样的措施，这是因为解决这个问题实际上就是解决城市交通压力的问题，同时城市经济社会的发展也离不开 ITS 技术的支持，目前国内的大型城市正经历着这个至关重要的问题。广州市的 ITS 建设已经基本成形，可以作为一个范例在全国其他城市希望完成 ITS 建设时作为参照，这是由于在理论意义以及现实意义方面，广州的 ITS 建设已经具有参考意义。

第八章 城市交通文明建设策略

第一节 加强交通文明教育与引导

交通文明是指道路交通参与者在交通中的行为规范。近年来，道路交通压力日益增长，交通运行秩序本质是人的出行行为的组合表现，部分出行者的不文明行为对交通运行秩序影响显著，成为交通事故、拥堵发生的重要诱因之一。据交警部门的相关调查统计分析，90%的交通事故属人的不文明行为所致；车祸伤亡的主因是驾驶员酒后驾车、逆向行驶、随意变更车道且不打转向灯以及行人跨越隔离护栏等；路面拥堵多源于违规驾驶、不文明驾驶。因此，亟须正确引导市民的出行方式、培养正确的出行习惯，构建以人为本、安全高效的交通环境。同时，国际先进城市的经验也表明，交通文明程度与城市市民素质和城市自身文化息息相关，不断提高交通文明程度不但是良好交通运行秩序的要求，也是城市发展的迫切要求。

一、交通文明教育

（一）交通文明进社区、进校园

1.交通文明进社区

深圳巴士集团自 2009 年开始，将九龙巴士顾客服务部开展的交通文明活动作为优秀榜样，对其进行有效的学习，开展了"主动式顾客服务"项目，打造了 2 ~ 3 辆"民意车厢"，以每辆车每周下 4 次社区的频率，用 4 年的时间把处于深圳的全部社区走遍了，这段时间深入到市民的生活中，也获得了 8 万多条关于改善深圳公交服务的信息，均是来自市民群体的宝贵意见与建议。就当前而言，怎么可以及时地和市民沟通是改进交通文明特别关注的问题。民意车厢可以为上述问题创造良好的平台，在每个星期的周六、周日，民意车厢都会采取流动工作的形式，走进深圳各大社区。民意车厢的主要作用就是了解乘客的出行目的、主要乘坐的公交线路、每辆车发车的间隔时间能否满足乘客的出行需求。对所乘线路是否方便、快捷、有序以及司乘服务质量等进行综合评估，获得最为真实的满意度评价。

民意车厢的前段部分为宣传区，在这一区域给广大乘客提供多元化的宣传材料；中间部分为咨询区，该区域主要是收集市民的乘车需要，调查他们是否满意，并收集他们给出的意见和建议；尾部提供的是售卡、充值等方面的服务，目前还在持续不断地扩大服务内容。比如，提供饮水、应急药箱等方面的服务，让乘客感受到最大的诚意。

2.交通文明进校园

增加道路、地铁站、公交车、新媒体等平台公益广告的投放力度，大力宣传绿色出行，同时要让绿色出行的宣传活动进入到广大社区之中，和教育部门进行紧密合作，专门设置公开课讲座活动或者专题实践活动，让人们对绿色出行有更加全面的认知。尤其是对青少年绿色出行意识的培养，让交通文明宣传进入到校园之中，使他们从小就养成良好的交通文明习惯，同时提倡"公交+慢行"这种绿色出行模式，只有这样做才可以为交通需求管理的有效推行打下一个巩固的社会基础。

（二）交通政策与社会互动

交通拥堵治理是一项涉及范围广、关乎公众日常出行的综合行动。市民对整治方案的意见和建议一方面可以作为拥堵问题筛选的重要依据，另一方面也是评价治堵方案优劣的重要标准。深圳市注意选用不同的形式进行交通政策的宣传推广，让广大群众主动参与到政策宣传和制定的过程中，积极吸纳他们的意见。主要形式包括以下方面。

（1）设立交通治堵论坛，开展"交通在我心中，治堵人人参与"主题宣传活动。依托交通专家咨询委员会、北上广深城市交通年会，定期邀请交通专家围绕交通拥堵治理召开专题论坛，向市民宣传交通治堵理念。2014年12月，北上广深城市交通年会在深圳举行，行业管理部门和业内专家围绕交通与城市协调发展、交通需求调控、公交优先发展及新能源推广和品质交通打造等四个专题向市民宣传各城市交通管理措施和治堵经验，四市交通管理部门携手探索城市交通可持续发展之路，推动四市交通"政策互联、信息互通、经验互鉴、工作互动"。

（2）组织举办专题论坛活动以及研讨活动。为了收集各个领域的信息，要尽可能全面、广泛地邀请参会代表，如人大代表、政协委员、市民、媒体代表、专家教授等。

（3）就如何有效改善和解决交通拥堵问题、合理调整公交路线等具体制度进行研究讨论。在这个过程当中，市民的意见和建议很重要，因为交通拥堵给他们带来的危害最为直接，所以要充分考虑他们提出的意见和建议。治堵项目库的形成主要通过各辖区街道办提交的区内的交通问题，真正体现市民诉求。同时，针对事关市民利益的重点交通改善措施可通过听证会、公开征求意见等形式征询市民意见。

（4）定期编制《治堵工作简报》，通过新闻发布会（通气会）等通报工作进展。2014年治堵工作简报每月一期，向市民宣传治堵总体方案、工作进展和取得的效果评估等。与此同时，将治堵阶段性进展状况通过新闻发布会、报纸媒体等向社会公布，征询社会意见。

（5）深圳自2013年开始定期举办"智能交通大讲堂"，每年6期。该活动是深圳市智能交通行业协会在深圳市交通运输委员会的统筹下创办的公益性论坛活动。大讲堂以"宣传普及智能交通知识、推动技术交流创新、促进行业可持续全面发展"为目标，政企学研多方参与，开放互动，围绕百姓出行、市民关心、行业关注的热点话题碰撞思想、深入探讨。因其"话题鲜明、热点集中、信息及时、形式新颖"，吸引了广大智能交通企业、热心市民、创投、风投资本、行业媒体、深交所、互联网、通信企业和科研院校的参与，受到多方好评。

二、交通文明引导

（一）礼让斑马线活动

斑马线是行人和机动车发生冲突的主要位置，也是事故多发地段。一方面是因为在交叉口路段，机动车驾驶者缺乏让行意识，行人穿越马路存在安全隐患；另一方面是因为行人闯红灯现象突出，"中国式过马路"不但干扰道路交通正常秩序，而且让行人处于危险境地。针对上述问题，深圳近年来持续开展"礼让斑马线"专项行动，取得了明显效果。

1.开展"礼让斑马线，文明我先行"活动

随着深圳市机动车数量的迅猛增长，人车矛盾日益突出。为进一步推进文明交通行动计划，市文明办、市交委、市交警局联合开展"礼让斑马线"活动，倡导全体车主文明行车，礼让行人。这个活动在具体实施当中强调发挥客运汽车行业优秀驾驶者的模范带头作用，带领全市驾驶机动车的驾驶者文明开车，践行礼让行人的要求。这样的活动可以显著增强城市文明水平，减少交通事故和其他危险事件的发生概率。同时在很大程度上保护了市民的安全，从整体上优化了交通秩序，为城市发展提供了一个更加安全、和谐的交通环境。为了有效配合此次活动的启动仪式，市交警局、市交委在全市联合开展"礼让斑马线，文明我先行"整治行动，该活动的目的在于深层次优化司机的驾驶行为，使其做到文明行驶。中央电视台专题报道了此活动，让此次活动在全国范围内取得了广泛的示范效果。

深圳针对无信号交叉口控制的斑马线进行了详细的让行规则解释，对于未按规则让行的，依据《深圳经济特区道路交通安全违法行为处罚条例》第十四条规定进行处罚。其中，如果机动车行驶到没有交通信号灯的人行横道时没有做到减速行驶，将罚款200元并扣除2分；机动行驶时遇到行人正在通过，驾驶者没有停车避让的，罚款500元并扣除2分。活动开展后，有效提升了机动车驾驶者的文明意识。

2.行人闯红灯专项整治行动

2012年12月13日，为整治行人闯红灯现象，深圳市交警部门组织开展"绿马甲"全市统一整治行动，基本保持每周一次以上。2013年5月，深圳开始对"中国式过马路"进行处罚，处罚标准除罚款外，还提出"如果有人在出现违法行为之后自愿参与到协助交通秩序维护当中，那么交警则可免除对其的罚款和其他处罚"。深圳市共选取了20个严管示范路段与路口，集中整治行人闯红灯的情况。处罚首日，共有1 973名市民被罚，另有1 027人自愿穿"绿马甲"接受社会服务而免于罚款处罚。截至2014年12月，深圳分档处罚共查处100元241宗、50元9 902宗、20元119 741宗，参加社会服务120 275宗。专项整治行动取得了良好的社会反响。

（二）加强文明驾车宣传

不文明驾驶（随意变道、加塞）、交通违章（违停、行人违章过街）以及事故、坏车等交通秩序问题造成的拥堵占 30%。与此同时，不文明驾驶导致事故发生率大大上升。

通过广告、媒体、社区宣传及专题讲座等形式，加强文明驾驶宣传，培养驾驶员文明行车意识，从源头杜绝影响行车秩序与不文明驾驶行为。对酒驾、涉毒等极其严重的交通违法事件进行大力宣传，让广大车主切实认识到刑事犯罪必须承担严厉后果，督促他们优化驾驶行为，形成正确驾驶习惯。加强对交通违法者的行车文明教育。

针对市民反映机动车鸣喇叭扰民的情况，交警部门设置了以下整治方案：在日常的交通维护当中进行严厉查处，并组织专门整治力量，特别是提高对夜间整治的重视程度，并就热点区域着重强化整治力度；做好有关事件的宣传推广工作，利用新、旧媒体整合的方式对广大驾驶者进行宣传教育，让他们自觉遵守交通规则，做到文明驾驶，彻底消除乱鸣喇叭的行为。

第二节　倡导绿色交通

自从 21 世纪开始，全世界各个国家的城市交通都以绿色交通为整体方向。相对于私人小汽车这种交通工具，公共交通、自行车、步行等在耗能及废气排放、交通占用面积这些方面有着很大的优势。为鼓励更多的民众选择公共交通、步行、自行车出行，降低私家车使用强度，缓解道路交通拥堵压力，发达国家城市在改善步行、自行车道路条件、停放车设施等硬件环境的同时，积极开展多种形式的宣传教育活动，增强公众的绿色交通意识，为公共交通、步行、自行车出行营造积极的舆论氛围。

美国大力推广自行车友好社区（BFC），有效推动了自行车的使用。BFC是美国自行车骑行者联盟采取的一个积极支持自行车发展城市的项目，其鼓励居民将自行车用于交通、健身和娱乐，并制定自行车鼓励政策，积极推广自行车的使用。BFC 教育各年龄层次的机动车驾驶员和自行车骑行者文明使用道路、安全行车，同时教育和提醒驾驶员在开车时要多关注骑自行车的人。BFC已在国际上逐步得到认可与推广。

荷兰、丹麦和德国等国家非常重视交通教育及培训。这些国家的儿童在学校期间的必修课程之一就是交通安全教育以及自行车技能训练。自行车技能培训课程分为室内教学和上路训练两部分，培训结束后由交警对学生进行考核。此类培训不仅保障了安全骑行，还授予了学生终生受用的骑行技能。此外，世界很多国家相继开展了许许多多与自行车这一出行方式相关的推广实践，如每年都举办自行车节和无车日，为各个阶段不同水平的人组织开展自行车比赛，派遣经验丰富的骑车人士深入社区进行安全骑行的演示和讲解，以培养公众的绿色交通意识。

从 2002 年开始，欧盟环境委员会在每年的 9 月 16 日至 22 日定期举办"欧洲交通周及无车日"活动，每年选择不同的主题，组织多种类型的活动。在一些地段，政府对机动车进行限制，专门让自行车通行，这种方式让市民乐于采用公共交通、自行车、步行等绿色交通的方式出行，培养了他们的绿色交通意识。截至目前，欧洲共有 1 300 多个城市共同参与此项活动。

北京市最近几年开始大力推行绿色交通，如持续不断地加快公交体系建设速度，增加轨道交通运营里程。据了解，北京轨道交通正在启动修编新一轮建设规划，运营总里程将提高到 900 公里以上，这样可以更好地缓解北京的公交压力。另外，北京市将优化公交系统，到 2020 年要使全北京市的专用车道达到 1 000 千米的里程。同时，在城市中，自行车要逐步回归，形成连续成网的 3 200 公里自行车道路。届时，中心城的绿色出行比例将达到 75%。

为了更有效地推动绿色出行，北京市政府着手对城乡公交系统进行全面整改和优化，同时继续助推轨道交通设施的完善与发展，积极推广轨道交通建设过程当中的节能设备以及节能技术手段，先建立低碳轨道交通的示范线路，再逐步推广，进而在 2020 年保证轨道运营里程数能够超过 900 千米。引导直行车回归城市，全面推进城六区微循环道路建设，让人们的步行以及自行车的出行条件得到明显的优化。目前，步行和自行车行驶的道路环境比较恶劣，一些地方出现了机动车辆占领自行车车道的问题。要彻底改善这样的不良状况，必须大力推行占道停车的有效管理政策。

为引导发展绿色交通，推广清洁、低碳的交通设施设备，北京市将积极完善机动车总量调控和交通管理政策，从源头控制机动车能耗增长，降低机动车使用强度。推广新能源和清洁能源汽车，完善充电设施。2020 年，该市电动汽车推广应用规模将达到 40 万辆左右，公交领域清洁能源车辆比例力争达到 70%。同时，环卫、出租、郊区客运、邮政、物流配送等行业加快更新使用新能源车和符合国家新排放标准的车辆；实施公交、地铁场站综合节能改造工程。

"十三五"时期，中国新能源汽车产业化发展和推广应用将进入加速发展阶段。根据国务院办公厅《关于加快新能源汽车推广应用的指导意见》《关于加快电动汽车充电基础设施建设的指导意见》等文件精神，2016~2020 年，中央财政将继续安排资金对新能源汽车推广和充电基础设施建设给予支持。为此，"十三五"时期，北京将在地面公交、郊区客运、出租行业、省际客运、旅游客运、货运行业领域分步骤推广应用新能源和清洁能源车，加快充电设施建设，并继续提高新能源小客车指标在年度指标总量中的比例。2020 年，北京市电动汽车推广应用规模将达到 40 万辆左右，其中电动公交车力争达到 1 万辆以上。

第三节　鼓励公众参与城市交通发展

公众参与主要是指对于政府的决策，不只是政府部门，还有很多民众都要参与进来，其作用是充分发挥民众的监督作用，使广大民众有效行使监督政府服务的权力，切实维护和保障好民众自身的权益不受侵害。在交通管理当中所强调的公众参与主要涉及的是社会中与政府无关的专家、学者、普通公民等可以积极主动将日常遇到和发现的交通问题向政府反映，并就城市交管的相关措施提出自己的意见和建议。具体而言，广大公众可借助互联网平台、电话平台、参与有关会议等形式表达心中的想法，提出问题和意见。政府则要汇总公民提出的意见和建议，经过专家核实和交流探讨，获得合理的交管意见，并把这些意见真正应用到解决交通问题方面，切实满足公众的出行需要。

公众参与在城市交管当中占据着极其重要的位置，主要体现在以下两个方面。第一，有效地满足公众的需求。城市交通管理在现实中与公众是密不可分的。城市交通管理当中所出现的各种问题，公众都可以直截了当地发现，同时针对出现的问题提出合理的建议。第二，公众参与城市交通管理，可以反映出政府和公众之间良好的互动性，两者间的信任度加强了，矛盾也随之减少，更深一步来说就是政府与公众间的关系得到加强。此外，社会公众的交通参与意识不断加强，交通参与者的交通行为也随之规范，这有利于减少城市交通的一些不良干扰因素，全面提升交通运行效率水平，维护好交通出行以及道路安全。

在城市交通管理的过程中，为了让更多的公众参与其中，很多国际大城市建立了完善的公众意见征集制度。这样的公众意见征集渠道是公众参与城市公共交通的重要保障。1991年，美国颁布《综合地面运输效率法案》，对交通运输规划的公众参与从法律上进行了明确，强调了公众参与对交通运输规划的重要性。1996年，美国的《交通规划决策中的公众参与技术》对美国交通规划中公众参与的原则、方法和组织进行了规范，是美国关于交通基础设施规划方面公众参与的权威文献。美国1994年重新修订的《交通规划和项目公众参与程序》明确提出构建永久公众参与委员会，该委员会的重要职责是为城市交通的规划以及相关政策的制定与实施提供咨询保障等服务，让更多的公众参与交通发展的全过程，让公众的权益得到切实保障。该委员会当中的成员包含城市社团组织代表、专家和其他团体代表。该委员会直接参与交通规划的年度评审与项目计划。得到的政策会由交通规划委员会完成初步审查，之后下达到地方政府部门和公众手里，留出2～3个月的时间里让他们提出意见和想法。

伴随着我国经济社会发展的步伐，我国公民对自身利益的关切度越来越高，公民整体的法律意识、参与意识、民主意识等较之以往有了明显的提高。但这种参与意识的提高，相较于整个社会治理对公众参与的需求来说还是处于初级阶段。为了更好地提高交通管理公众参与情况，制定了以下几点策略。

一、加强公众参与的宣传，提高参与意识

根据相关调查，目前公众参与交通管理的意识还很欠缺，而且很多公众并没有深入、全面地了解城市交通管理的相关内容，甚至很多公众并不知晓自己可以参与到交通管理当中，认为交通管理并不是自己的事情，因此也不愿意亲身参与，不关注政府制定的措施政策以及决策。由此可见，目前公众存在着很多错误的思想观念，而这些观念导致公众参与无法顺利落实。在这样的情况下，要想让公众的参与热情被充分地调动起来，就一定要对公众参与交通管理进行大力宣传，增强公民的参与意识，具体要做好以下两个方面的工作：

第一，强化民主建设宣传，保证我国公民对自己的权利和义务都有明确的认识。城市交通管理部门所制定的交通规划方案可以在网络上进行及时公布，同时大力宣传公众参与，使所有民众都可以及时地掌握和了解城市交通管理，积极阐明自己的想法。在此基础上，广大民众提出的各项意见，政府相关部门要进行详细、耐心的回应。只有这样，才能够激发公众参与的积极性。

第二，公众参与交通管理的价值要在群众当中进行推广，公众参与的具体事项也要在公众之间进行普及，还要及时公布和宣传公众的参与渠道。公众参与的每个途径都要让公众如实掌握，这样才可以使民众切身处地地参与到制定政策中。针对城市交通管理方案的宣传，政府可以借助发传单的方式将有关交通管理的方案发到每个公民手中。为了及时收集到每个公民的意见，还可以在每个社区组织有奖问答活动，以此达到解决城市交通存在的问题。

二、增加公众参与的渠道

公众参与受到严重影响的最主要因素是参与渠道大量缺失，所以当务之急就是要大量地增设公众参与渠道。具体可以增设以下渠道：①结合社区和民众生活密不可分的特点，以社区为平台收集民众的意见和建议，在城市的各个社区设立一个专门收集意见的站点。公民的想法可以如实向社区工作人员反映，而工作人员则把公民的意见进行归纳总结，把分类好的意见集交到市政府。这样，既可以减轻政府部门的工作压力，又能把公众的意见及时收集起来。②利用信息化技术和网络构建公众参与渠道，让公众在网上畅所欲言，毫不保留地把自己的看法表达出来，同时监督城市交通管理方面的问题，并对现有的问题及时提出修改建议。③在城市交通管理讨论会上扩大公众参与的比例。从当前情况看，公众真正参与到论坛会议的人是很少的，更谈不上有发言的权利，所以公众出席会议的人数还要进一步增加。出席会议的公众应踊跃发言表达自己想法，而有关部门要坚持平等的原则，认真地分析和考虑公众提出的意见与建议。

三、创建交通管理学习社区，提高公众参与的专业知识

公众对交通管理的专业知识的了解是比较局限的，根本不懂得如何科学地进行交通管理，这也是公众参与情况不乐观的重要原因之一。公众是否具备足够的专业知识，有关部门持怀疑的态度，所以即使公众提出意见，有关部门也

不会重点考虑。另外，公众对交通问题懂得不多，对交通管理并不愿去过多的参与。可见，只有公众的专业知识加强了，才能直接调动公众参与城市交通管理项目。最直接、有效的策略就是在社区设置供大众进行学习的学习点，建设示范性的学习社区，并在社区的教育学习当中专门讲解这方面的专业知识。只有这样，公众的智慧才可以最大化地发挥出来，进而助力优化交通管理，推动城市稳定健康发展。

四、优化公众参与流程，提高参与效力

目前，公众参与效力处于较低水平，导致越来越多的公众不愿参与交通管理，而且很多公众产生了不信任有关部门的思想，认为即使提出的意见是合理有效的，有关部门也不会听取，更不用说是采纳了。要让公众的参与度大幅提高，就要改变他们的思想认识，健全公众参与的整体程序。

想要从根本上提高公众参与的效力，应建立健全针对公众参与交通管理的制度条款，并在制度当中把参与流程进行规范和说明，构建专门的信息公示栏，使公众了解交通管理的时间、地点、内容等信息；引导公众了解和掌握参与的具体程序，并赋予公众参与和监管的权力，监督有关部门的操作行为，查看其是否有违规操作的情况。假如发现相关部门并没有认真对待和使用公众给予的合理意见，可向上级部门举报，从而使公众参与的效力和作用得到更好的发挥。

五、加快公众参与的法制建设

法制建设是任何事业建设都不可缺少的部分，是根本保障。基于这样的考虑，在引导公众参与时，一定要注意法制建设是不可忽略的部分，必须在法制建设方面加大重视力度。我国的宗旨就是依法治国，人的个人行为是无法仅靠道德获得约束的，所以自己的合法权利和利益要得到维护就必须带有强制性手段。为引导公众主动参与，提升其参与的有效性和积极性，可根据具体需要将公众参与的内容纳入当地法制建设体系中，使其成为具有强制性和权威性的任务。只有这样，才能够从根本上解决参与过程当中的问题，让公众参与的各项权益得到保障。

在管理城市交通时，需要把公众参与能够行使的权利进行准确的说明和严

格的法律规定，真正形成对相关部门的监督，让公众对监督权、知情权、参与权等权利以及相关权利的行使范围有深入的认知，利用法律的手段维护自己的合法权益。这样长久下去，政府部门便会更加地重视公众参与问题，公众便会增加参与的信心。

实践案例篇

第九章　深圳城市交通拥堵治理

第一节　深圳城市交通及其拥堵情况

一、深圳城市交通发展现状

深圳的地理位置处在广东省的南部，距离香港很近，整个市的总面积达到 1 953 平方千米。全市整体呈狭长形，东西相对比较长，而南北比较窄小。截至 2012 年，深圳道路网的总长度大致为 6 200 千米，基本建立"七横十三纵"干线路网架构。通过各方面的调研发现，深圳的城市交通发展仍然存在一些问题亟待解决，下面将对实际现状进行逐一说明。

（一）道路设施不完善

结合深圳交通运输委员会道路管理科提供的数据（表9-1），我们能够了解到，在 5 200 千米的总长当中，主干道以上的道路长度超出 2 154 千米，实际密度是 2.39 千米 / 平方千米，距离实际要求还有将近一半的差距。此外，其他等级道路和深圳测量标准也有着非常大的差距。

表 9-1　2015 年深圳各等级干道长度及密度一览表

等　级	长度 / 千米	密度 / 平方千米	深圳测量标准 / 平方千米
高速快速路	292	0.31	0.3 ～ 0.4
快速路	161	0.17	0.4 ～ 0.6
主干道	1 247	1.32	1.2 ～ 1.8
次干道	995	1.05	2.1 ～ 3.2

等　级	长度 / 千米	密度 / 平方千米	深圳测量标准 / 平方千米
支路	3 826	4.05	6.5 ~ 10
合计	6 520	6.9	-

数据来源：深圳市交通运输委。

深圳市除了在工业化、城市化方面创造了很大奇迹，其城市人口也在快速增加，随之带来的就是机动车的使用迅猛增长，由此导致原本的道路变得越来越窄，停车位越来越紧缺。这些问题引发的矛盾正逐渐加剧。现如今，深圳市正处于快速发展与矛盾加剧的共存阶段，尤其是今后几年时间，交通问题将会更加复杂。

目前主要存在两个问题：一是深圳道路设施不完善，如立交桥、人行天桥等基础设施不完善；二是停车缺口大。深圳市现在全部停车位加起来大概有104万个左右，远远不够324万辆机动车使用，缺口达60%以上。所以，现在的现象就是停车位供不应求，同时这种矛盾短时间没有得到缓解，反而一直加剧。机动车乱停乱放，侵占公共空间，影响着城市交通，使人们的生活质量开始下降，整个深圳市的运行效率不高。

（二）公共交通吸引力低

1. 深圳市公共交通发展现状

现如今，从深圳公共交通系统的构成方面上看，总共包含有四种类型，分别是出租车、公交车、轨道交通、公共自行车。2015年的数据显示，全市公共交通客运总量达35.82亿人次，全年日均客运量为981.3万人次。

（1）轨道交通。就地铁的发展现况来说，深圳是我国大陆第六个最先建设地铁的城市。通过对深圳地铁公司企业管理部的张倩雯女士的采访，获知截至2016年12月份，深圳地铁线路已经拥有8条。设置站点总共是149座，运营里程达258千米。这样的轨道交通线路总长度在全球城市排名位列前十，在我国位列第四。当前，深圳地铁运营线路方面的信息如表9-2所示。

表 9-2 深圳地铁运营的线路信息

路　线	通车日期	起点站 / 终点站	运营里程	车站数	功　能
1	2004.12	罗湖火车站—机场北	41.0	30	干线
2	2010.12	赤湾—新秀	35.7	29	干线
3	2010.12	益田—双龙	41.7	30	干线
4	2014.12	清湖—福田口岸	20.5	15	干线
5	2011.6	黄贝岭—前海湾	40.0	27	干线
7	2016.10.28	西丽湖—太安	30.173	28	干线
9	2016.12.30	红树湾南—文锦	25.38	22	干线
11	2016.6	福田—碧头	50	18	快线

数据来源：深圳地铁官网。

龙华有轨电车在 2017 年建成整个项目，该项目总长 51 千米。整条线路共设置 15 个站，南北起点分别是地铁 4 号线清湖站、观澜大道与平安路交叉路口。计划 70 千米 / 小时是其最高运行速度，平均运行速度可以达到 20 ～ 22 千米 / 小时。全天运营的总时长达到 17 个小时，从早上的 5 时 30 分到晚上的 22 时 30 分。深圳市有轨电车的客流量信息如表 9-3 所示。

表 9-3 深圳市有轨电车的客流量信息

线　路	客流量（单位：万人次 / 日）	初期预计总客流量（单位：万人次 / 日）
初期主线	3.19	3.92
初期支线	0.73	
中　期	8.75	
远　期	13.2	

数据来源：深圳市交通运输委。

（2）常规公交。1975 年，深圳开通了全市第一条公交线路。2015 年，深圳共发展到 915 条公共汽车线路，运营的公司有深圳巴士集团（Shenzhen

Bus Group）、东部公交（Eastern Bus）、西部公交（Western Bus）等。深圳巴士集团有营运线路 333 条，公交车辆数 5 305 辆；深圳东部公交有营运线路 699 条，公交车辆数 5 688 辆；深圳西部公交有营运线路 160 多条，营运车辆 2 800 多辆。公交线路包括干线、支线、快线、城际、夜班、高峰、旅游专线等多类型。2015 年，常规公交客运量 20.69 亿人次，同比下降 8.3%。全市公交线路运营里程 20 560.6 千米，同比增加 290.8 千米，公交线网密度达到 3.42 千米 / 平方千米。

（3）出租车。截至目前，深圳市总共有 84 家出租车企业，出租车的数量达到 1.7 万辆，而且在市面上有约 50 辆新能源电动出租车。在之后的几年时间当中，深圳将会把配套设施建设作为重点，尤其是加强充电站建设，进而更大范围地推广电动化出租车。2015 年，出租车客运量达 3.91 亿人次，同比下降 10.8%，出租车日均客运量 107.16 万人次，同比下降 10.8%。

（4）公共自行车。2015 年，整个深圳市总共投放公共自行车的数量是 2 500 辆，建成网点数 798 个，在很大程度上推进了慢行交通的发展。

2. 公共交通发展不健全——吸引力低

（1）公共交通基础设施不完善，轨道交通覆盖率低。通过对很多发达国家公共交通发展现状进行调查获得的一个重要结论：公共交通在城市交通中占到最大的比重，而且在覆盖率方面能够到达 60% 甚至以上。一系列的数据表明，在我国，大多数中小型城市以及一些省会城市，使用公共交通出行仅占全部出行的 33%。因此，在公共交通出行方面，我国依然持续着较低的出行率。在轨道交通方面，深圳轨道交通没有达到预期的发展，甚至离城市的发展水平相差很远，整个城市万人拥有的轨道里程才 0.17 千米，这个里程数对比其他一线城市还是很低的，如北京市是 0.25 千米 / 万人，上海是 0.23 千米 / 万人。

深圳要大力推动轨道交通的建设和发展，现在面临最主要的问题就是线路少、覆盖面窄，供需缺口较大，如地铁三号线、四号线客流量大，十分拥挤，出行困难；公交车难以到达小区，同时面临着车速受到限制、线路比较绕、乘客等候时间不固定等问题；在各个区设置的公共自行车网点，覆盖率极为不均衡，公共自行车有的分属不同的单位，不能够实现通用，再加上自行车通道还有着很多不安全因素存在，导致大量市民交通出行不会第一时间选择公共交通，而是选择私家车出行，这又进一步增加了交通压力。深圳公共交通平均客流量的数据材料如表9-4所示，通过对这些资料进行研究，能够看到目前公共巴士承载的客流量最多，而地铁承载的仅是巴士的50%。通过对这样的数据资料进行分析，可发现当前深圳公共交通的作用并没有得到有效的体现，也尚未充分发挥在缓解交通压力、实现节能减排以及保护环境等方面的优势。

表9-4 2015年深圳市公共交通平均客流量

万人次	公共巴士	地 铁	出租车	公共交通总量
日均客流量	573.3	394.3	95.3	1 062.9
月均客流量	17 200	11 829	2 860	31 889

数据来源：深圳市交通运输委。

（2）公共巴士与地铁高效换乘接驳不完善。当前，深圳已经形成"轨道交通为骨架、常规公交为网络、出租车为补充、慢性交通为延伸"的一体化城市公交系统发展目标。现如今，有关部门正在大力宣传和倡导广大民众加大对公共交通的使用率，而且每一年都会在公交日和地铁日推出相应的免费乘坐活动，以调动人们的积极性。

但是，整体情况仍然是不容乐观的。现如今，深圳在交通发展方面还存在着公共巴士和地铁不能够有效接驳的情况，特别是公共交通接驳力低于地铁出行人数，不能够在较短的时间内接驳和缓解出站的压力。从自行车的推广发展上看，自行车通道建设还处于较低层次，自行车接驳点的各项设施不够健全，且没有专门的制度和标准对其进行管理约束。

另外，深圳很多地点并未配备公共巴士的站点，于是在没有配备站点和设置线路的区域出现了上下班高峰期交通拥堵严重的问题。尤其4号线连接宝安与福田的港铁线路，一到上下班高峰期，站外就会出现蛇形排队情况，拥堵问题非常严重。另外，在上下班高峰期搭乘三号线显现出了等车时间长、乘车环境差、行车速度慢、上下课时间长等不良现象，让越来越多的市民抵触公共交通，转而将私家车作为首选的出行方案。由此观之，深圳公共交通发展过程当中出现的舒适感低、便捷性差等问题让人们的日常出行受阻严重。

出现以上问题最为根本的原因是目前公共交通发展水平并未和深圳经济发展水平相适应，前者发展出现明显滞后。但是，广大民众的整个生活水平明显已经比之前有所提高，其对自身出行选择公共交通的要求也随之增加，在乘车环境和服务方面的要求也越来越多，而现实是市民的要求无法得到全部满足，最主要的因素就是在整个城市内，公共交通还有很多区域到达不了。同时，公交站等基础设施没有及时得到维护和保障，存在老化问题；整体行业发展政策不完善，没有充分的资金作为建设支撑，难以助推整个行业的进步。

（三）私家车出行依赖性高

1.私家车拥有量

有关部门的数据资料显示，截至2016年，全国范围内有6个城市汽车保有量超过了200万辆，深圳排名第5，如图9-1所示。

截至2016年底汽车保有量超过200万辆的城市

单位：万辆

图9-1　2016年全国汽车保有量超过200百万辆的城市

截至2016年12月30日，深圳机动车保有量高达324万辆，每千米道路机动车约510辆，远远超过了国际警戒线，而且车辆的密度居于全国第一。从2010年开始，深圳市的汽车保有量呈现出高速增长的态势，增长速度为年均10%，2014年达到了20.9%。伴随着群众生活水平的提升，他们对汽车的需要量显著上升。在实施了限购政策之后，汽车保有量回落明显，增速也大幅下降，其中限购后的第一个年头（2015年）的增速年仅为1.6%，如图9-2所示。

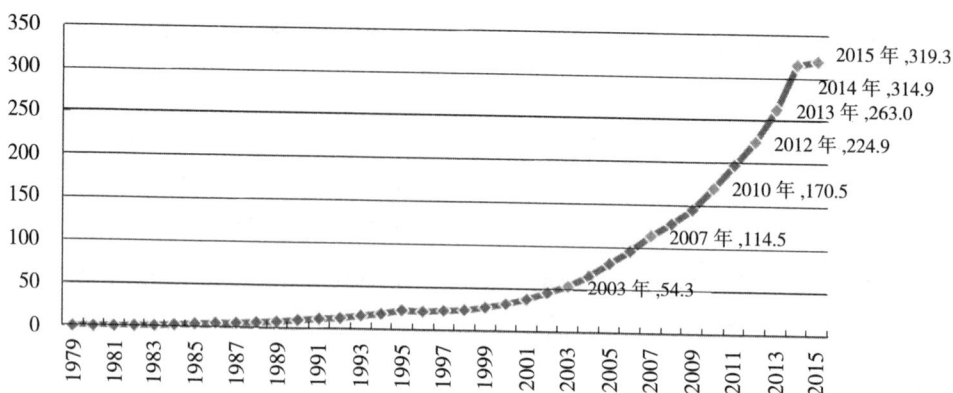

图 9-2　历年深圳市机动车保有量（单位：万辆）

2. 私家车主对私家车出行依赖性高

深圳市民在选择出行时一般选择以下几种类型：轨道交通、私家车、公交车、出租车、公司配置的班车以及其他类型等。2015 年全市居民机动化出行统计中，轨道交通所占的比例是 12.3%，私家车占到 41.5% 以上，公交车占到32.3%，而公司配置的班车因为时间和站点的问题才占到 6.5%，其他类型所占的比例更低，只有 2.5%。

公共交通出行所占比重很小，是人们选择私家车出行并产生依赖心理的其中一个原因。一但拥有私家车作为出行选择，在同等条件下，很难再选择公共交通出行的方式。现如今城市在不断地扩建道路，人们更愿意乘车出行，这就形成了恶性循环。

深圳私家车发展过快导致城市的交通拥堵，而交通拥堵导致公共交通的效率跟着降低，最终更少有人选择公共交通出行。

对比出行距离和选择方式做了一个数据调查，在其他城市，以公共巴士或者自行车为出行方式时，一般是短路程，在 5 千米左右。而在深圳市，恰恰相反，5 千米范围内占 44% 的人选择私家车出行，如表 9-5 所示。这种情况突出显示了公共交通体系不完善的问题。

表 9-5　各种交通方式出行平均距离表

	步　行	自行车	公共巴士	地　铁	小汽车
出行距离／千米	1.69	4.72	8.67	14.23	15.19

（四）深圳市城市规划及人口分布不均衡

1. 深圳市城市规划不均衡

相比深圳市的人口总量及人口密度来说，深圳市土地面积还是相对比较狭隘的，全市有 6 个行政区和 4 个行政新区，总面积为 1 996.85 平方千米。

总体来说，深圳的城市规划布局和功能定位还有很多的不足和缺陷，主要表现在以下几点：

第一，二元化现象非常普遍，主要表现在原特区内外交通基础设施的建设进度、服务水平方面。在路网发展方面差距也很明显，东部的高速路和快速路非常不完善，密度很小，仅是 0.43 千米 / 平方千米，与规定的标准 0.7 千米 / 平方千米还有着很大差距；次支路网在建设当中存在着很大的缺陷，密度是 5.18 千米 / 平方千米，和标准 8.6 千米 / 平方千米差距更是显而易见。

第二，一些区域在布局方面不够合理，而且功能比较单一，存在着居住地和商务区域分离的情况。广大民众为了生活和工作来回往返于不同的功能区，出现了潮汐出行情况，因此交通压力变大，交通需求也迅速增加。城市在布局与功能区域分割方面的不恰当，让市民对交通依赖更大，也让城市交通承担的压力与日俱增。

2. 深圳市人口分布不均衡

1979 年，深圳正式成为我国的经济特区。当时，中央政府和广东政府把宝安县改名深圳，次年正式命名深圳经济特区。之后，深圳市的经济快速发展，直到今天，人们仍然熟知"深圳速度"。"深圳速度"的产生与中央政府改革开放政策的执行有着密切的关系。在经历了近 40 年的发展之后，如今的深圳已经成为中国大城市的典型代表，北上广深这样的词语也开始得到人们的普遍应用，是当之无愧的一线城市。2016 年，深圳市的生产总值为 1.93 万亿元，是北上广深一线城市当中最高的一个。

深圳是我国首个移民城市，和我国其他很多特大城市有着很多的相似点，都有着大量外来人口日渐增多以及交通高压化的特点。根据深圳市统计局公布的数据来看，2016 年深圳管理人口总数达 2 000 万。事实上，全市人口数量仍然处在上升的状态，城市人口不断增多。大量城市务工人员涌入深圳，使城市人口密度快速增加，现如今已然站在全国城市的首位，世界排名第五位。

深圳市不同区域人口情况如图 9-3 所示。

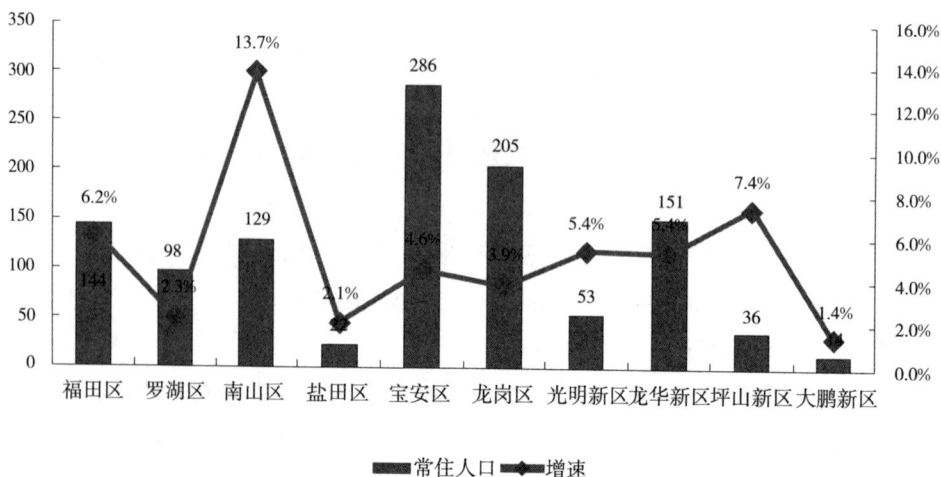

图9-3 2015年深圳市各区常住人口及增速

二、深圳市交通拥堵情况分析

在对深圳的交通发展现状进行全面研究之后，我们能够了解到：深圳人口数量在持续不断的增长，同时以私家车为代表的机动车数量增长迅猛，汽车总量和交通通行能力之间的巨大矛盾，使交通拥堵问题日益严重。深圳交通处在迅猛发展与矛盾突出的交叉阶段，在未来几年当中，深圳市交通形势更为复杂、矛盾更加凸显、任务更加艰巨。另外，受到恶劣天气、突发事故、占路施工等问题的制约，深圳市道路交通面临的拥堵或瞬时瘫痪的风险越来越大。城市交通的脆弱性显而易见，城市交通畅通面临巨大考验，这些都是目前深圳市在发展过程中需要关注并解决的问题。

（一）深圳交通拥堵的量化评估指标——道路交通运行指数

道路交通运行指数是对交通整体运行情况进行定量评估的一个重要指标，如同体温测量一般，通过对交通指数进行分析可以获知目前交通的拥堵情况，更能描述拥堵的程度，是对交通运行情况更直观的量化描述。

不同城市的交通指数各不相同（表9-6），不具备可比性，主要是因为每个城市会结合自身的交通特征对交通指数进行定义和计算，而各地的交通特征差异是非常明显的。比如，深圳市的交通指数主要运用的是出行时间的概念，通过实地调查和问询标定参数建立拥堵等级划分与指数计算的模型。其他城市的交通指数在定义上各不相同，如有的会利用拥堵里程比例。

表9-6 不同交通指数定义比较

国家或城市	定义方法
美国	流量
上海	车速、负荷度
北京	拥堵里程比例
深圳	行程时间比

资料来源：深圳市交通运输委。

深圳的道路交通运行指数分成5个等级：0~2为畅通（绿色）、2~4为基本畅通（浅绿）、4~6为缓行（黄色）、6~8为较拥堵（橙色）、8~10为拥堵（红色）。指数数值越大，表明出行要耗费的时间越长，交通状况越为拥堵，如图9-4所示。

一次出行多花费1.2倍以上时间

一次出行多花费0.9~1.2倍时间

一次出行多花费0.6~0.9倍时间

一次出行多花费0.3~0.6倍时间

基本可按照自有车速行驶

图9-4 交通指数和出行时间关系图

（二）深圳市交通拥堵情况

根据深圳市交通运输委员会提供的数据资料，2015年全年，除了2月份，其他月份的交通指数都大于4，属于缓行等级，如图9-5所示。

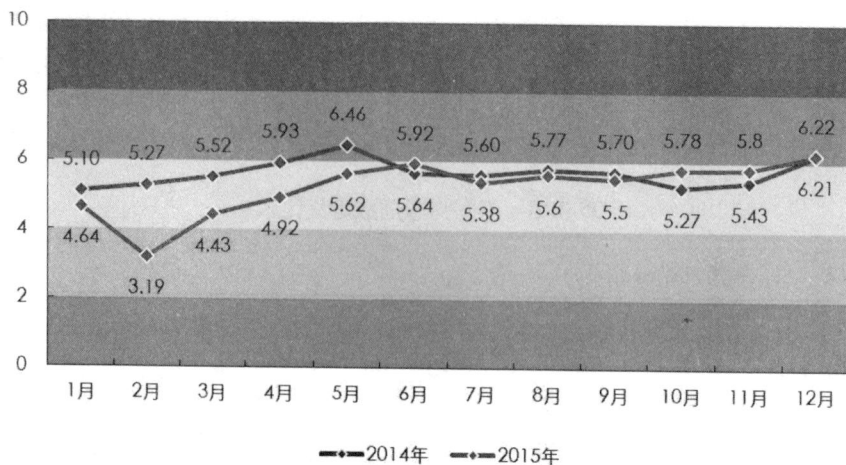

图 9-5 2014—2015 年中心城区工作日晚高峰交通指数月变化情况

深圳在高密度的道路网络中，早晚高峰的路网运行状态如图 9-6 所示。早高峰交通路网均速是 29.9 千米 / 小时，晚高峰是 25.6 千米 / 小时，平均拥堵的时间为 1.5 小时。如果不及时采取有效措施进行交通治理的话，拥堵问题会让深圳变成停车场。

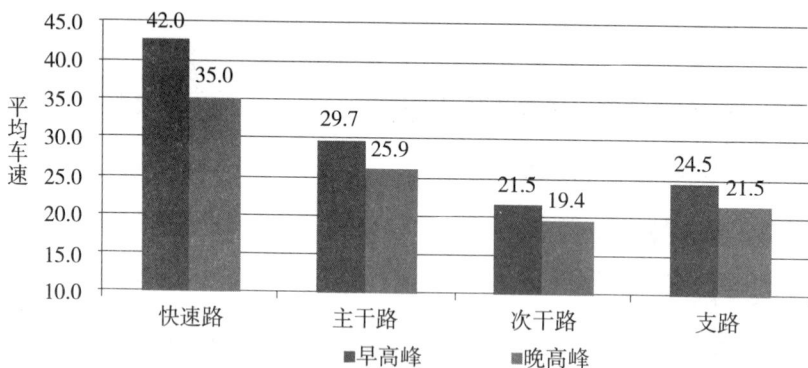

图 9-6 2015 年 9 月深圳市工作日各等级路网早晚局峰平均车速图

（三）深圳市交通拥堵的属性

1. 时间性

交通拥堵的发生具有时间的规律性，人们上下班造成的交通拥堵有早高峰和晚高峰这两种表现。据数据显示，深圳 2015 年早高峰、晚高峰的平均交通指数分别是 3.13 和 4.91，拥堵等级为缓行。

2. 空间性

交通拥堵多发生于城市中心城区的人流密集路段，具备明显的空间性特征，早晚高峰原关内外存在潮汐车流路段，城市主干道、快速路等交通流组织较复杂的路段交通压力非常突出。很长一段时间以来，原二线关口的交通压力巨大，而且拥堵范围呈现出上升的趋势，拥堵里程也在增加。

3. 多因性

各种各样不同的因素都会引发交通拥堵，包括人为因素和非人为因素。人为因素主要有公众存在不文明交通行为、不遵守交通规则、举办大型活动等。非人为因素有天气、交通信号、道路、车辆等。

4. 危害性

（1）交通拥堵造成的时间损失是巨大的。据相关调查显示，在我国的 15 座大城市中，居民上班耗费的时间平均是 39 分钟。按照人口计算，15 座城市人口加起来消耗的时间比欧洲要多出 288 亿分钟，也就是 4.8 亿个小时。

（2）交通拥堵造成的经济损失是巨大的，且不能够有效弥补。交通拥堵带来的直接经济损失是居民上班不准时造成的，除此以外还有交通事故、环境污染等间接经济损失。

（3）交通拥堵会使城市污染更严重。有关研究证明，如果道路顺畅的话，汽车发动机始终维持高速运转的状态，汽油会燃烧得比较干净，对环境的污染较小。如果道路拥堵严重的话，会使汽油无法充分燃烧，加剧机动车的污染。

深圳人居环境委员会在通报消息中明确提出深圳大气 PM2.5 的主要来源是汽车尾气，而且已经严重影响了居民的人身健康安全，并占本市排放源的 41%。另外，机动车运行过程中会造成比较明显的噪声污染，道路交通产生的噪声污染是城市噪声污染源之一。目前，在中国大部分城市中，噪声已经完全超出了国家规定的 70 分贝，有一些城市已经达到了 130 分贝，现在全国有三分之二的居民生活在严重的噪声污染中。

（4）影响人们的生命安全。在大气污染严重的情况下人们的生命健康会受到严重威胁，城市居民出现不同类型疾病的可能性会大幅提高。空气中一氧化碳浓度超标会造成头晕头痛、恶心呕吐，甚至昏迷死亡等严重后果。碳氢化合物毒性远超一氧化碳十倍以上，会极大破坏血红蛋白。如果情况严重的话，还会增加癌症疾病的发生概率。碳氢化合物和碳氧化合物这两种物质排放出来以后，在阳光的作用下会对人体产生伤害，严重的可能导致死亡。根据对其他国家的相关调查报告，因为机动车排放有毒物质而患呼吸道感染疾病的概率是十年前的1.3倍，并且死于肺癌的人数呈现上升趋势，而过去肺癌属于罕见疾病。我国人口众多，许多城市的机动车排放尾气总量已经与发达国家接近，并且还保持持续增长的态势。城市交通拥堵对广大居民的身心健康造成重大危害。这种环境会使人们很容易产生焦虑、烦躁的心理，影响到人们的正常工作与生活，甚至威胁社会的稳定发展。

通过研究深圳交通拥堵的相关状况，为解决交通拥堵问题提供了一定的思路。例如，交通拥堵具有时间性，就可以根据上下班的高峰期提出相应的解决措施；交通拥堵具有空间性，从这点出发可以在城市规划上进行改进；交通拥堵具有多因性，就要求相关管理人员充分履行职能，加强应急预案的制定和管理力度，以便起到有效的预防作用。尤其是要考虑到交通拥堵的产生原因，针对性地消除不良因素，做到防患于未然。

第二节　协同治理视阈下深圳城市交通拥堵的原因

深圳市在随着时代进步的同时，城市建设速度和人口增加速度都在提升，造成机动车数量上升，并由此带来了车多路窄、停车位不足等问题。要想充分解决这个问题，一定要坚持协同治理的原则，积极分析当前造成拥堵的原因，为针对性措施的提出提供依据。

一、治理主体单一

从治理主体看，深圳市现在的交通问题解决部门是政府部门，该部门选用的管理体制是自上而下。因此，政府包揽了交通管理的许多内容，非政府组织以及公众参与的机会较少，出现了主体单一和缺少灵活性的情况，在很大程度上影响了交通问题的解决。

在这样的管理体制下，政府垄断、收支分离等情况的存在导致管理效率不高。政府包揽了城市交通公共服务的供给，造成公共服务市场的政府垄断，也让整体的管理效率和各项工作的执行有效性下降，加大了财政方面的压力。在政府的一己之力下，交通设施的建设和公共交通的投入都比较大，建设周期又很长，这些投入的进度远远跟不上机动车增长的速度。而且公共服务等的质量完全由政府决定，忽略了公众的实际需要，管理成效不能够得到切实保障。

政府治理决策权的过分集中导致决策议程的民主动力不够，公共政策制定等公共事务正面临越来越大的风险和困难。例如，深圳交警自2016年3月开展"史上最严"的禁摩限电专项查处工作，深圳对特殊行业（邮政、快递）给予一定的电动车配额，但是远远无法匹配现有行业的发展；同时，市民的个人出行需求未被提及。大规模的拘留和查扣引发了诸多不满。深圳交警拘捕快递小哥的新闻引发舆论质疑，甚至央视"焦点访谈"节目以专题报道了深圳的这次行动。这些问题是尖锐且无法回避的，处理不好就会激起社会矛盾。

正是因为以上情况的发生，所以需要有大量非政府组织以及广大公众的密切参与，让他们成为制定有关交通政策的参与者和参与主体，只有这样才能有效缓解交通压力，增强民众参与交通管理的主动性，提升交通治理的效率，环节社会矛盾。

二、协同制度不健全

（一）内部协同机制不完善

从当前政府履行职能成效的角度上看，各职能部门缺乏协同性，交通资源分属不同部门。深圳交通管理涉及的职能部门及其履行的职责主要有：第一，交通运输委员会。这个部门主要负责对市政道路进行规划建设、管理养护，并承担交通运输管理等方面的职责。第二，交警局。该部门主要是维护道路交通安全。第三，市管局。该部门主要负责城市道路美化管理。这些部门职能不一致，交通管理协同机制不完善，不能协调统一各项交通管理的资源。甚至不同部门会为自身利益的获取而不注重信息之间的交互，造成信息壁垒，降低政府对交通管理的效率。

（二）外部协同机制缺失

深圳当前并未构建非政府组织参与的协同治理的制度体系，交通治理的主体单一，而且有关制度不健全，无法妥善处理好交通拥堵问题。第一，政府选用的行政处理方法比较单一，管理成本高。第二，公众参与主动性较差，满意度低。目前，政府通常利用来信来访、座谈会、听证会等方式征求群众的意见与建议，尚未构建长效机制，特别是公众大都处在被动地位，可以主动表达自身利益需求的机会很少。第三，非政府组织力量薄弱，公众参与的组织化程度低，也不具备规范、有效的诉求渠道。第四，非政府组织的主体作用无法得到明确，特别是公众给出的意见与建议也没有得到政府的关注，有些虽然被采纳和肯定，但是没有做好有关的激励工作，因此，公众参与的实质作用不强，降低了交通管理的整体成效。

三、治理手段单一

就当前情况而言，解决城市交通拥堵问题主要借助政府力量，也就是由政府通过行政强制手段强化交通管理。政策的制定、调查、落实等各个方面都是政府包办的，运用的治理方法非常单一，能够起到的作用十分有限。如果只是借助政府行政管理力量的话，一方面会由于行政成本高、管理人员少等因素造成治理政策无法得到有效的贯彻落实，更无法获得较为理想的治理效果。另一方面，传统管理方式惯性系用行政手段，通过处罚违法行为的方式完成执法工作，但通常会在高压整治之后立马复燃，消耗大量的人力、物力以及财力，而且治标不治本，甚至会引发社会矛盾。

面对这样的现状，一定要积极探寻多元化的治理方法，而不是单一使用行政命令。要从不同的层面出发，借助多样化的措施协同处理以及整治交通拥堵问题。特别是在治理过程中不可一味强制和命令，还需要做好宣传教育、优化服务等方面的工作，从市场需求、公民的角度出发面，实现疏堵结合，从执法、服务、宣传教育等方面实现综合治理。比如，可以效仿新加坡在交通治理方面的措施。新加坡将国民交通安全宣传推广普及化，同时政府方面设置了专门维护交通安全的部门，借助政府投入、企业赞助支持等不同的方法，在重点地点宣传交通安全，这些地点主要选在了学校与社区。因为这样的区域人流量比较集中，而且辐射范围更大。深圳在2015年推出了"首违免罚"的治理方案，实现了激励和惩戒并重，可以激励广大驾驶者遵守交通规则，维护交通安全。

四、公众参与度不高

（一）由于我国市民交通安全文明意识较为淡薄，市民的交通文明素质不高

我国运用十年的时间达成了西方40年才实现的汽车社会，可以说是跨越式的发展。虽然我们步入了汽车社会，但是遵守法律，坚持文明出行的社会风尚并没有真正形成。深圳在交通管理过程中，采取了严厉管理和加重处罚的高压措施，尽管如此，市民交通违法的发生率仍然处于较高水平。机动车驾驶者不能够遵照交通规范正常行驶，只为追求自己便利，出现了违停、闯红灯、逆行等情况；行人在过马路时不关注信号灯，也不走斑马线，造成了极大的交通安全隐患。从整体上看，广大市民不具备较高的交通文明素质，本身在思想观念方面比较落后，文明意识缺乏，不注重对交通秩序的维护，更不会关注参与交通管理和相关决策的制定，为治理交通问题贡献一份力量更无从谈起。

（二）公众自身交通管理素质不高，参与度受限

第一，广大公众本身不具备较高的交通管理素质，专业知识和专业处理方法掌握水平低。广大公民常常是站在个人的层面上提出意见或者建议，不能站在全局统筹考虑，因而给出的意见不具备建设性和科学性。再加上公众获取相关信息的难度大，信息获取量低等，导致极少有公众能够提出建设性强的意见，很难受到政府部门的重视。第二，不具备完善有效的参与机制，公众的参与地位得不到有效保障，缺乏表达个人诉求和意见的路径。就当前情况来说，政府虽然注重对公众参与进行有效的指导，但选取的方法是比较落后和传统的，如上门宣传、组织座谈会等，形式落后，内容也比较落后，从而降低了公众的参与热情，也不能够获得较为理想的宣传教育效果。随着时代的发展和先进技术手段的普及应用，一些政府部门积极借助微博、微信等平台和广大市民沟通互动，这虽然是一种创新路径，但是规模相对较小，受众比较狭窄，仍然不能够激发公众的参与热情。

因此，要强化社会宣传，增强非政府组织、公众的交通安全文明意识，提高其参与能力，拓展其参与渠道。例如，新加坡设立辅警志愿者制度，在全国召集2 000名志愿者参与辅警工作，不仅使交通管理社会化，还提高了公众参与度与社会意识。

五、治理的效能无法保障

执法效能受损。因缺乏非政府组织、公众的有效参与、沟通、协调，使公众缺乏对交通治理措施的理解和认同度，治理效果大打折扣。虽然目前深圳交警保持对重点交通违法行为实施高压打击，但是违法人员不配合民警执法，甚至暴力抗法的情况仍然时有发生。这些行为给执法工作的有效实施带来了很大的阻碍，需要耗费大量警力资源，如果处理不恰当的话，容易引发社会矛盾，出现负面炒作，影响执法工作质量。第二，有些公众在对制定的政策进行评价的过程中，通常会存在从众心理，只是单一的考虑个人利益，不能够从整体上正确理解宏观政策，提出的有关意见与建议还有待商榷。第三，面对公众提出的建设性的意见与建议，政府方面通常没有完善的反馈与激励机制作为有效回应，造成很多意见与建议根本无法获得政府方面的关注，采用率低也使公众的参与积极性下降。第四，很长一段时间以来，公众习惯于在公共事务管理中处于被动地位，缺乏社会责任感，同时参与度和参与意识都比较淡薄。在具体的政策执行中，公众也只是被动接受，甚至有很多公众根本不理解这些政策，让政策的落实成效难以得到保障。

在制定交通治理方案之前，一定要引入协同治理机制，让政府、非政府组织和公众都能成为治理的主体。只有这样才能够获得大量创新性的交通治理思路与治理方法，深化对政策贯彻过程中产生效果的认知，了解政策的影响力，也让治理措施能够与非政府组织与公众的利益诉求相符，有效缓解社会矛盾。要积极收集民意，并对民意进行及时有效的反馈，向民众解释政策，提高社会对交通管理政策的信任程度，为政策的落实打下坚实基础。

第三节　协同治理视阈下深圳城市交通拥堵治理对策

一、培育多元治理主体

站在协同治理的角度，政府方面一定要从单一治理主体朝着多元治理主体的方向转变，最大化地发挥不同治理主体在处理交通拥堵问题中的作用，构建完善健全的协作机制，在协同合作的过程中彰显各自的价值，提高整体的治理效果。下面重点就如何培育多元治理主体进行具体探讨。

（一）公共部门

第一，以彻底转变政府管理观念为核心，由"人本位"的管理理念转变为"人本位"的管理观念，从建设"管制型"政府转变为建设服务型政府。第二，有效转变政府职能行为，转变全能型政府定位，主动为非政府组织以及公众提供参与治理的平台，把相关利益主体在治理工作方面的优势整合起来，充分利用社会资源，打造多个治理主体共同参与的协同治理模式。

（二）非政府组织即企业和第三部门

非政府组织，即企业与第三部门是政府至关重要的利益相关者之一。这就需要政府在培育非政府组织方面要加大力度，具体要做好以下工作：第一，制定激励性措施和政策方法，发挥激励政策在培育非政府组织方面的积极作用；第二，制定有关措施限制、引导与约束非政府组织，促进社会经济整体目标或社会利益的实现。非政府组织参与到政府的交通治理工作中，可以有效发挥促进与支持作用。政府与非政府组织在沟通、协商与对话中，加速形成了互惠合作治理的战略关系，有效促进了交通拥堵问题的治理。政府也要为非政府组织提供一个参与治理工作的平台，使其能够充分承担相应责任，树立良好形象。

比如，共享单车的成功实际上就是政企密切合作，发挥协同治理作用的一次重要探索。

（1）共享单车极大程度上弥补了政府在公共设施建设方面不健全的缺陷，让市民拥有了更加丰富多样的出行选择机会。通过在地铁口、公交站等地点对共享单车的充分投放，有效弥补了公交运力不足、地铁接驳换乘不完善等缺点。可以说，正是因为企业的有效参与与投入，让城市交通最后一公里问题得到了强有力的解决。

（2）共享单车极大程度上解决了电动车非法营运等顽疾，使交通秩序得到了有效规范，提升了交通文明水平，同时有效降低了交通拥堵发生率以及交通事故发生的可能性。非法营运电动车的安全隐患始终存在，正是这些电动车长时间混行于机动车道和非机动车道，使机动车的顺畅运行严重受阻。与此同时，由电动车违法导致的交通事故占比较重。这些顽疾成为了交管部门十分头疼又亟待解决的难题，在共享单车出现之后，城市交通最后一公里的问题得到了有效解决，挤压了电动车非法营运的空间，使交管部门在维护秩序方面有了新的思路。

（3）共享单车使私家车的使用率大幅下降，使机动车堵塞交通的情况和污染城市环境的危害度大幅下降，在一定程度上推动了绿色出行的实现。虽然目前共享单车还处于起步阶段，还有很多方面需要不断改善，在管理上也存在一定的问题，但是深圳政府已然认识到共享单车的优势，紧抓共享单车主体，构建自行车交通管理政企合作模式，及时掌握共享单车用户信息，通过多方的协同努力，不断完善宣传、教育、处罚、纳入征信等措施，规范自行车交通秩序，创造安全的交通环境。

（三）公众

公众不仅是参与交通治理工作的一个重要组成部分，还是整个治理工作的受益者。站在治理主体的层面上进行分析，交通治理决策质量与公众参与度以及公众表达的诉求是否科学等存在正相关关系。站在交通参与者的层面上进行分析，交通政策的执行以及文明交通习惯的养成与公众的责任意识的强弱存在着正相关关系。所以，协同治理体系中，公众是最活跃的因素。政府要充分发挥自身在交通治理中主导地位的优势，积极培育以及提升公众的参与主动性和能力。第一，为公众的有效参与提供物质方面的支持。第二，在城市交通管理工作中，有效回应公众提出的诉求，保障他们的切身权益不受损害，进而增强公正的参与热情。第三，加强宣传，有效借助各种媒体，对参与交通管理的意义进行宣传，也让公众从中了解参与的方法和渠道，提升公众的参与度。

二、构建协同治理的制度体系

制度体系是协同治理实现路径的重要保障因素。协同治理是一个动态的过程，要建立明确各参与主体的治理地位、权利、义务及在治理过程中发挥的作用的制度体系；要建立内部协同机制，整合政府内部资源、提升政府部门的行政效率；在内部协同的基础上，要建立多元治理主体共同参与的外部协同机制，通过非政府组织的充分参与，平衡各治理主体之间的利益，并相互制约、监督，提高交通治理政策的科学性。

（一）政府职能部门内部协同，提升行政效率

就目前而言，深圳交通管理分属多个职能管理部门，交通资源分散，工作效率低下。所以，创新管理体制，完善管理机制，加强不同职能部门的协作力度，合理配置交通管理资源，打破部门"各自为政"的局面，成了当务之急。建议深圳政府专门建立道路交通拥堵治理办公室，有效构建"大交通"管理体制，负责统筹、协调督察、考核全市治堵工作，保障各个责任主体之间的协同合作与共同发展。各成员单位通过协同制度，加强数据共享，突破部门界限，构建治堵工作的通报发布、保障、效果评估等方面的机制，打造具有城市特色的深圳治堵新模式。

（二）多治理主体外部协同，提升治理科学性和治理效果

现如今，受民众的能力和组织制度，多主体协同治理机制还需进行持续不断的探索以及谨慎的实践，需要在这一过程中充分借鉴并学习成功的经验，还需要结合深圳交通的具体情况，保障制度既有创新又具有实践意义。第一，对不同治理主体的权责进行合理的划分。第二，通过设立制度的手段，确定政府与其他主体的治理地位、职能责任、参与途径。第三，完善监督反馈机制，让非政府组织和公众拥有评估和监督的权利，让主体参与的公平与公正性得到切实保障。

1.明晰治理主体权责划分

（1）政府部门的权责界定。政府在治理交通问题方面处于主导地位，负责规范与引导公众和非政府组织，使他们能够有序投入协同治理的工作中，同时负责组织治理主体参与制定交通战略规划，构建健全的信息反馈渠道。

（2）非政府组织即企业和第三部门的权责界定。非政府组织在政府的引导下，为公共交通战略规划、决策的制定提供智力以及技术方面的支持，实现企业利益与公共利益的双赢。

（3）公众的权责界定。公众包括交通产品的消费者与交通治理的参与者，其承担的权责主要有以下两点：通过合理渠道有效参与交通政策的制定、落实、监督等；自觉遵守各项交通管理法规，提高自身参与治理的能力和交通文明素养。

2.建立外部协同治理制度体系

以整合政府内部机制为基础，健全外部协同治理的制度体系，明确非政府组织和公众共同参与、协同解决交通拥堵问题的内容。多个交通问题的治理主体共同参与到问题的解决过程中，同时各治理主体都享有平等的参与权利与义务，解决了单一治理主体在实际工作中存在的缺陷，实现了各治理主体的优势互补。同时，各治理主体间的决策与行为起着互相监督和制约的作用，最大化的促进了交通治理的效果。

3.健全配套的监督体制和绩效评估体制

各治理主体在平等享有参与治理的权利的同时，赋予非政府组织与公众监督权和评估权。另外，完善公正参与合作的平台，完善政策落实反馈机制，并及时反馈结果，促进反馈的良性循环。

三、提升主体参与能力

（一）培育各治理主体参与意识

各参与治理的主体必须具有极高的参与意识和参与能力。政府在协同治理中处于主导地位，必须培育参与主体的参与意识与法制意识，为其他的参与主体提供更为广阔的舞台，赋予他们相应的治理权力，让具承担相应的责任，保障协同治理效果。

（二）宣传引导社会力量从感性参与转变为理性参与

要进一步提高社会公众的综合素质、参与能力、参与主动性，需从三个方面着手。第一，对交通管理理念进行大力的宣传推广，让正确的管理理念深入公众的内心，让公众与非政府组织更加积极主动和带有理性思维的参与到交通管理中。第二，加大宣传力度，让公众了解参与交通治理的渠道，让他们能够做到有序、有效、理性的参与，进而确保实际的参与效果。第三，完善公共交通信息的定期发布机制，彻底消除过去信息不对称以及渠道不畅通等方面的问题。

（三）强化参与交通管理的非政府组织及公众的组织建设

一是健全和完善专家咨询制度。充分发掘社会智囊机构和专家群体的智力资源，提高交通管理政策研究水平和辅助决策力量。同时，借鉴发达国家经验，发挥智囊机构第三方中立优势，开展社会民意调查等活动，引导公众参与，在政府、非政府组织即企业和第三部门、公众之间形成良好互动。

二是城市交通拥堵的治理上，不仅要发挥管理者的宏观作用，还要发挥群众的自治作用。一方面要完善社区委员会、街道办的公众组织功能，另一方面要提高民众的交通意识，让民众意识到交通拥堵带来的一系列问题，从而在根本上解决交通拥堵问题。

四、提升治理效率

城市交通的发展在便民高效的基础上，必须走可持续发展的绿色道路。

（一）科学规划城市空间发展

1. 多元城区布局实现城市规划均衡化

深圳市是中国的经济之窗，是中国改革开放与创新的前沿，这就造成了深圳市人口流动性大，人口分布不均以及人口密度大。在城市规划中，很多区域布局功能比较单一，造成职住分离。城市总体布局和功能划分的不合理带来了巨大的交通需求。因此，应创建多元的城市空间布局，实现协调发展的组团式城市空间结构，对空间资源进行优化布局，推动城市空间由单中心向多中心发展，实现资源协调配置。

2. 优化交通组织，提高道路通行效率

英国伦敦的路网密度为 25 公里/平方公里，通过提高城市路网密度，打通道路微循环系统，提高道路通达性，减少交通拥堵问题。因此，要优化深圳市的交通组织，以"窄马路、密路网"为理念，通过消除交通瓶颈点、畸形路口、断头路，提高路网通行能力和效率，规划好主干道与支路组成的通行路网交通系统，通过实行单行交通、可变车道、压缩增加车道等措施疏通道路微循环，实现对主干道网络的分流，减少车流冲突点，提高道路通行效率。

（二）优先发展公共交通

在解决城市交通拥堵的问题上，发展公共交通是一条切实可行的道路。公共交通工具有很大的优势，可节省土地资源，减少尾气排放量，汽油消耗量也会大大减少，降低了不可再生资源的使用。从交通消费者的角度看，乘坐公共交通工具也降低了大量的成本。发展公共交通的战略路线是集慢行交通、轨道交通、常规交通、公交转乘于一体，最大限度地发挥公共交通的优势，在解决城市交通拥堵问题的同时，给市民带来多层次、舒适、安全、高效的城市交通体验。按照协同治理的目标，明确政府、非政府组织以及公众之间的角色定位及相互关系，建立以政府为主导，合理引导非政府组织和公众参与的发展模式。

1. 发展慢行交通

慢行交通是以自行车为主导的交通方式，在城市交通拥堵问题面前，和其

他交通方式相比，慢行交通最大的优势是空间资源的使用量最小。从环保角度看，慢行交通一种是零排放的绿色交通；从慢行交通的使用者角度看，自行车出行也是一种锻炼方式，对身体健康有益。西方一些发达国家，如荷兰、德国的政府是大力支持慢行交通的，这些国家的自行车使用量甚至超过了国家的人口总量，国家也修建了大量的有关自行车的基础设施。

发展慢行交通，一方面要加强步行交通和自行车交通的基础建设，保证有一个良好的慢行交通环境，让慢行交通的使用者愿意以这种方式出行。另一方面应合理加大自行车的投放，在慢行交通领域要不断创新。创新要以自行车的便捷性为根本，使其优势能最大限度地发挥出来。

2.大力发展公共交通

（1）加大力度建设基础设施。解决城市交通拥堵问题的另一个措施就是城市交通基础设施的建设。基础设施的建设可以从三个方面进行。第一，优化公交线网，提高轻轨交通的覆盖率，解决热点区域市民的出行问题。第二，城市道路的建设，城市道路的布局要增加公交车专用道，为公交车提供更多路权。第三，从公共交通使用者的角度思考，为了让公共交通使用者有一个良好的使用体验，要提升公共交通的人性化服务。比如，增加公共交通车的班次，减少人民群众的等待时间，在公共交通车的站点设雨棚连廊，为市民提供一个舒适、便捷的交通环境，进而解决交通拥堵问题。

（2）加强地铁和其他交通的接驳设施建设。城市的空间资源有限，而一座城市的人口流量是由这座城市的经济、政治、文化决定的，他们是同向变化的。随着政治经济文化的发展，人口流量和城市空间资源也一定会产生矛盾。要想解决这一矛盾，必须发挥地铁的优势，以地铁交通为主导，以公交汽车交通、轻轨交通、自行车交通为辅，协调合作，建立一个无拥堵、环保的交通系统，让市民享受便捷、舒适、安全的交通。

公共交通和地铁无缝接驳的优势在于降低了市民乘坐地铁的步行时间，从传统的公共交通方式为主导的模式转变成了以地铁为主导的出行模式。因为与公共交通相比，地铁使用的是地下资源，地铁的速度要远远高于公共交通的速度，无缝接驳在满足了出行者舒适度的基础上，也降低了市民的步行时间和交通成本。需要注意的是，在进行地铁换乘站和公交车站点的设计与建设时，需要考虑客流量和乘客的换乘频率，保证公共交通的流畅运行，合理分担地铁人流。

（3）紧抓"互联网+"时代机遇，优化公共交通服务品质。随着社会经济的发展，人们的物质生活越来越丰富，因此对公共交通的服务质量有了更高的需求。为了提高公共交通的竞争力，就必须提高公共交通的服务质量、舒适度，让人们减少私家车的使用频率。同时，利用"互联网+"技术为市民提供准确的公共交通出行服务，提高市民的出行品质。

（三）控制机动车的使用需求

研究表明，汽车对道路交通的空间消耗最大，因此在道路空间有限的情况下，控制机动车的使用需求是集约化交通发展重要策略之一。

1.控制机动车保有量

通过政策手段控制车辆过快增长。2014年12月，深圳市政府在小汽车疯狂增长的背景下，出台《深圳市小汽车增量调控管理实施细则》，对小汽车的增长实行指标管理。同时，配套设置对外地车限行管理。深圳的小汽车"限购令"在一定程度上赋予了深圳交通高速发展一定的缓冲期，在一定程度上缓解了道路交通拥堵。

2.控制机动车的使用频率

（1）通过经济手段引导车辆合理出行。一是通过大幅提高商业停车收费等措施引导市民少开车到商业中心和拥堵区，鼓励乘坐公共交通出行。二是通过征收机动车使用税费降低市民对汽车的使用需求。三是完善"爱我深圳、停用少用、绿色出行"行动申报及监督系统，研究和推进奖励碳积分、停驶30天以上可获保险延期等各类激励措施。

（2）通过管理措施限制部分车辆出行。一是结合小汽车限购政策，对外地汽车实行部分区域高峰限行政策。二是对高污染的机动车和重点车辆实施禁行、限行措施。例如，进一步压缩"黄标车"的通行时间和通行范围，压缩大货车的通行时间和通行线路，大力推进"禁摩限电"行动，等等。三是研究推行车牌尾号限行措施，如根据雾霾等级实施单双号限行，未来还可以考虑更加细化的限行措施，如高峰期、节假日在繁忙路段实施尾号限行。

（四）大力发展智能交通系统

通过完善交通感知系统、交通智能控制系统和执法管理系统将科技信息化手段广泛应用于"执法管理、交通控制、停车管理、便民服务"等多项业务领域，提升城市交通管理的智能化水平和服务效率；通过搭建交通大数据平台加强信息融合共享、打破"信息孤岛"，解构城市运行规律和特点，用数据实现城市交通精准治理，提高交通管理信息化水平；通过加强科研所、高效、企业合作提高交通管理专业化水平。

第十章 绍兴城市交通拥堵治理

第一节 绍兴城市交通拥堵的现状与基础

早在 2009 年，绍兴市委、市政府就提出了交通拥堵治理中长期目标，即加大基础设施建设改造力度，全面加强交通管理这为治堵工作打下了坚实基础。

一、拉开了城市发展空间

随着经济的发展，老城区的交通压力日益增大，交通拥堵问题势必会和未来的高速经济发展产生冲突。为了解决这一问题，绍兴市政府调整了原来的城市发展战略，积极实施扩大城市发展空间的城市发展战略。通过扩大城市框架，既分担了老城区的交通压力，又协调了经济的发展。市政府相继启动了袍江新区、镜湖新区以及滨海新城的开发建设，三区的开发势必会在经济可持续增长的前提下，分担大量的交通压力。市政府在老城区也采取了一定的措施来解决交通拥堵问题，如推动老城区的产业转移，优化老城区的产业结构，规划老城区的产业链。另外，为了给绍兴市的交通注入强大的活力，绍兴市高铁北站已经投入使用。绍兴市政府通过将城市的交通压力分散可以更灵活地调节未来的交通拥堵问题。

二、建成了大批基础设施

为了推进城市建设，提高城市地位，绍兴市启动了大量的交通基础设施建设项目。绍兴市政府以兴建高速公路，通畅城市的环路和主干路为城市交通布局理念，每年投入上百亿元，先后建设了一系列交通基础设施，如绍诸高速、杭甬客专、嘉绍大桥、杭甬运河、绍兴中心港等，形成了可持续发展的交通格局。为了提高滨海新城、镜湖区、袍江新区的连接性，形成三位一体的城市布局，绍兴市政府在三个新区之间也建立了大量的交通基础设施，提高了通行能力和通行效率，形成了水路、铁路、公路多种方式相结合的交通运输格局，释放出了巨大的交通活力。除此之外，市政府在各个行政区内也进行了大量的基础交通设施改造，如城市道路的拓宽改造、通车厂的合理规划等。

三、强化了综合配套保障

绍兴市为了解决交通拥堵问题，首先组建了专门的研究小组，对绍兴市的宏观交通布局、微观交通系统设施存在的问题进行调查和研究。研究小组的成员均是具有较高专业水平的科研人员，他们通过大量的实践调研找出交通问题所在，然后根据这些资料确定绍兴市的交通布局。通过科研人员的群策群智和科学实践，市政府在协调经济、政治、文化之间关系的基础上，建立了 5 年的交通治理目标，以加大公交车项目为主线，积极应用现代科技来治理交通。一是合理规划公交车路线，加大公交车的投放量，衔接好公交车网络，使公交车线路覆盖整个城市；二是持续推广公众出行平台，将科技和交通结合，如共享单车项目、滴滴出行等。

四、提升了现场管理水平

随着城市交通项目的大力发展，绍兴市的交通管理能力实现了巨大的提升。绍兴市的城市交通政策不断创新，并取得了良好的成绩，使交通问题得到了很好的缓解，如"一路一策""一校一案"政策都效果良好，获得了交通部门的赞扬和上级的充分肯定。同时给省内其他城市的交通治理提供了大量的经验和方法。

第二节　绍兴城市交通拥堵治理的困难与问题

当前绍兴市机动车的数量正以每年 20% 的速度增长。据有关部门统计，2015 年第一季度，绍兴是全省机动车保有量增量最多的城市之一，宁波、温州、绍兴增量占全省的 43.3%，而绍兴市增幅最大，较上年年底增长了 3.59%，因此城市交通治堵尚面临不少的困难与问题。

一、规划体系不完整，统筹能力弱

尽管绍兴市在城市交通治理上取得了一些成绩，但是它的交通规划体系也是存在一定问题的，如老城区的城市交通规划存在历史遗留问题、镜湖区中心项目还在起步阶段、合理科学的交通格局形成还需要一定的时间。老城区的改造和治理是存在一定难度的，在考虑老城区城市布局的同时，还要解决历史遗留的问题，而历史遗留的问题是顽固的。比如，公共交通领域的问题。在公共交通的规划工程中，由于历史局限性，公共交通的布局缺乏一定的科学性，在公共交通的基础设施建立过程中存在一些问题，如站点距离的合理性、站点的位置布局、路线重叠等。另外，绍兴市的城市规划布局还受到历史客观因素的影响，因为古城区的布局是历史形成的，还要考虑历史古迹的保护问题，所以存在很多限制，规划审批异常严格，不可能进行大规模的现代化设施改造。

二、基础设施不健全，建设压力大

随着中国的崛起，国内的城市建设必须加速进行。而随着绍兴市人口的快速增长和经济发展的矛盾不断增加，城市的交通压力也与日俱增，城市交通基础设施的建设也必须加快进行。据最新计算，绍兴市中心城市主干道网密度为 $1.7km/km^2$，二级路网密度为 $1.1km/km^2$，支路网密度为 $1.1km/km^2$，快速路网密度为 $0.2km/km^2$。根据《城市道路交通规划设计规范》（GB 50220—95），干线路网合理密度为 $0.8 \sim 1.2km/km^2$，二级路网密度为 $1.2 \sim 1.4km/km^2$，支路网密度为 $3 \sim 4km/km^2$，高速公路路网密度为 $0.3 \sim 0.4km/km^2$。通过比较发现，绍兴市主干道、支路、高速公路的发展明显不足。例如，目前中心城区东西向只有104国道、群贤路、科保路和胜利路，缺乏快速主干路和大量支路，人民路和鲁迅路都是支路，绕行公路尚未完全形成，加重了主干路的交通压力。根据国际城市建设经验，停车位应为机动车拥有量的 $1.1 \sim 1.2$ 倍，公共停车位应占车辆拥有量的15%左右。而目前绍兴市中心约有15.4万个停车位和1.7万个公共停车位，分别占车辆拥有量（不包括摩托车）的66.6%和7.5%，远远达不到标准要求。由于停车位不足而导致占用停车位的问题非常严重，如部分停车场改建为大卖场和商场，部分医院、餐厅、娱乐场所等没有进行相应的停车场的规划和设计，导致非机动车道、人行道被占用。旧城区的人民中路、中兴路、解放路等路段虽然增加了隔离设施，有效提高了通行能力，但仍有许多主干路缺乏隔离设施，一些交通标志和信号灯没有及时更新，导致地下行人通道和停车位利用率不足。

三、交通结构不合理，道路负担重

绍兴市的交通布局不合理是产生城市交通拥堵问题的重要原因。绍兴市的交通布局单一，外省的大宗贸易以及进出口贸易项目的货物运输主要是依靠铁路，这势必会给城市的交通带来沉重的负担。为了解决单一的交通布局，必须发展水路交通、空中交通，只有各种方式协调发展，才能释放出巨大的交通活力。在旅游业交通方面，旅客出行也主要是依靠铁路由于缺乏地铁、城市轻轨、公共交通等出行模式，和发达国家的自行车使用率、公交车使用率、航空出行覆盖率相比，绍兴市的交通仍然存在巨大差距。

四、流量分布不均衡，集中管理难

从拥堵程度看，绍兴老城区（二环内）最为严重，柯桥区次之，上虞区、袍江新区、镜湖新区、滨海新城相对较好。从空间分布看，目前全市机动车达到122.5万辆，其中老城区机动车20.1万辆，加上往返于柯桥区的近5万辆，日常有近25万辆左右的汽车在两区通行。同时，每天在越城区通行的自行车、电动车、三轮车等非机动车尚有15万辆，公交车1 000多辆。这么多的车辆主要集中在8.3平方千米的老城区，必然会使交通不堪重负。从时间分布看，在早、晚高峰时段，拥堵状况尤其明显，给市民出行造成很大不便。据有关部门测算，市民早、晚高峰期出行量占全天出行量的比重分别为16.9%和11%，合计接近30%。交通流量在时空上的不均衡分布导致城市主干道在高峰时段出现"车满为患"的现象，特别是学校、医院等人员密集场所的路口往往形成时段性堵点，管理难度很大。

五、交通行为不文明，维养频率高

交通问题不仅是城市交通拥堵问题，违反交通规则的问题也很突出，如超载、超速、酒驾。这一系列的交通违法行为，不仅给他人的安全带来了隐患，也对城市道路基础设施产生了损害。因此，在城市交通问题的治理上还要进行文明建设，让市民发自内心地去遵守交通规则，而不是因为惧怕违反交通规则所带来的惩罚才被迫遵守。要想全面提高市民的交通文明意识，市民必须从自身做起，严格遵守交通规则，给身边人树立一个良好的榜样。

第三节　绍兴城市交通拥堵治理的思路与举措

治堵不只是交通问题，也是社会问题，更是政府必须抓好的民生问题，所以各部门必须要统一思想，落实责任，科学施策，努力为市民营造便捷、畅通、有序的出行环境。随着交通运输的快速发展，公众出行方式更加多元化，网约车、共享单车等不断涌现。交通拥堵也已经从城市扩展到城镇，形成了全域化趋势。这些新情况、新问题给城市管理带来了新挑战，需要我们针对实际情况采取一城一法、一地一策的方式认真研究，同时还采取空间管理、供给管理、秩序管理和需求管理多种方法，因地制宜综合施治。

一、绍兴城市交通拥堵治理的总体思路

治理绍兴市的交通拥堵要充分利用现有基础，按照"长期作战、创新举措、综合治理"的要求，通过优化城市规划布局，推动城市功能在时空上的均衡发布；通过完善基础交通体系，着力拓展交通空间；通过不断提高公交分担率，引导市民调整出行方式；通过加强宣传教育、强化管理创新，进一步提高文明交通水平。具体包括以下几方面内容：一是做到统筹谋局。交通拥堵问题本质上是城市化问题，但不是城市化过快导致的，而是因为城市化发展不平衡。因此，要跳出交通来谋划交通，只有从绍兴全局出发，大力推进城市功能和产业在区域内的科学配置，才能实现车流、物流在时空上的削峰填谷。二是做到合理布局。要科学测算区内人口、车辆、公交分担率等基本参数，完善规划体系，按标准开展路网、停车场等基础设施建设。三是做到深度破局。多方面查找交通拥堵的原因，尤其要积极优化交通管理与执法机制，深挖管理潜力，从软、硬环境建设两个方面入手，形成破局合力。四是做到善解小局。城市交通状况是通过个别堵点反映出来的，要坚持发扬全警上路、一路一策等好的做

法，广泛运用现代信息通信技术，提升交警处置、保险办理等效率，及时疏通各类堵点。

二、绍兴城市交通拥堵治理的目标任务

绍兴市治堵工作总体目标是，力争到 2020 年全面实现"两个明显，一个最"，并在此基础上，实现三个全覆盖城乡智能交通全覆盖、城乡客运一体化全覆盖、城乡交通组织管理全覆盖，主攻四个核心指标（四个核心指标：城市交通拥堵指数、交通满意度、公交分担率和交通守法率）。主要任务是，到 2020 年底，轨道交通 1 号线一期工程及东支线（总计约 24 千米）完成土建、机电及装修等工程；实现市区公交车万人标台数达 15 以上，公交站点 500 米半径全覆盖，公交分担率达到 25% 以上；市区建成平均路网密度达到 8km/km^2，道路面积率达到 15%。

三、绍兴城市交通拥堵治理的对策举措

（一）加快城市发展，推动城市功能均衡化

交通拥堵问题出现的根本原因是城市规划建设的不合理，要想根治交通拥堵问题，必须加快城市的可持续发展建设。因此，在城市规划建设的过程中要改变传统的城市化布局，城市的新布局要多层次、多功能，在市场机制正常运转的条件下，政府还要进行宏观调控，防止学校、医院、商铺一字掰开的传统城市布局，避免交通拥堵问题的产生；在原来的城市布局基础上，加快推动新的城市建设项目，推动旅游业的发展，实现城市的多功能布局，防止因城市布局功能单一化带来大量的交通问题；突出南部山区的休闲旅游功能，分担老城区的交通压力，将交通拥堵压力摊开，保证交通系统的正常运行。绍兴市政府推动的是镜湖区的中心崛起项目，它是一个城市的建设模范，为以后的城市交通拥堵治理提供了大量的经验和方法。为了推动镜湖区中心崛起项目，绍兴市政府采取了一系列措施，包括将市行政中心搬到镜湖区，这势必会吸引相关企业和投资者拥入镜湖区，为镜湖区的发展提供强大的动力；市政府也积极推动了镜湖区的科技文化中心、奥体中心、中央商务区的建设，这势必会为镜湖区的中心崛起带来强大的生命力，同时大大加强了对镜湖区的交通基础设施建设力度，包括快速公交、铁路、水路等一系列基础设施对接项目。

（二）搭建好四张网，不断提升公交分担率

交通拥堵问题要多方治理，一方面科学合理地进行城市化建设、多功能的城市化布局，从交通拥堵的源头上治理交通问题；另一方面要加强公共交通基础设施建设，将以机动车出行为主转变为以公共交通出行为主的交通模式，从而分担交通压力。

1.完善路网格局

在城市道路建设的过程中，要积极借鉴国内外城市交通治理的成功经验，合理布局道路网络，科学地进行城市快速路、主干道、次干道、支路的布局。在减轻交通拥堵压力的同时要协调好交通与经济发展的关系，不能因解决交通拥堵问题而减缓了城市的经济发展速度。协调好城市道路建设和经济发展的关系，使其具有正向的相关关系，而不是反向相关或者无关。对外的城市道路建设要切实做好杭绍台高速、杭金衢高速改建、甬金高速嵊州互通等项目建设，和外部对接高效合理，扩大对外空间。对内交通，城市道路建设要与绍兴市的镜湖区中心崛起项目相配合，科学合理地全面推进城内的道路建设。大力推进袍中路南延、越兴路南延、越西路北延等南北向道路的建设。除此之外，还要优化绍大线北延、104国道和329国道，群贤路等东西向道路拓宽。

2.实施公交优先战略

解决城市交通问题的主要措施之一是发展公共交通基础设施。在城市公共交通基础设施的战略布局中，要加快实现一体化的布局，兴建公交专用道路，持续加大公交车辆以及公交设施的投入，加快公交车系统的升级，提高服务质量，以人性化服务为出发点，吸引大量的市民使用公交车出行，放弃机动车辆出行。启动快速公交钱清、上虞、滨海线等工程建设，逐步把快速公交向中心城市周边延伸。

3.健全城市慢行系统

交通拥堵问题的产生主要源于机动车辆的使用量急剧增加，从这个角度治理交通拥堵问题，关键是使市民放弃驾驶机动车这一出行模式，提供更有吸引力的交通模式，同时要使交通系统的效率提高。因此，要加快发展慢行交通的出行模式，在城市交通基础设施的建设项目中，修建自行车专用车道，并将自行车道和机动车道分离，清理拆除占用步行道的各类设施，充分利用城市的原有资源，打造一个良好的慢行交通模式，分散交通拥堵压力。

4.积极发展水上交通

要充分利用绍兴市的地理环境，积极发展水上交通项目，缓解陆路的交通拥堵问题。通过扩大水上交通规模、建立水路结合的交通模式，启动一批水路疏浚、贯通项目，打造"水上旅游巴士"。

（三）创新交通管理，促进交通行为规范化

在交通拥堵的问题治理上，要坚持可持续发展的治理目标，努力提高交通管理水平，结合计算机技术，打造智能化、科学化的管理交通系统。

1.加强科学化管理

要在交通系统的管理和建设过程中树立科学的建设理念。要科学合理地处理城市规划、交通系统、汽车投入量、经济增长这些宏观目标，并注意处理方法的弹性，避免资源投入与问题治理不匹配，造成资源浪费。

2.加强智能化管理

在管理上要充分利用计算机时代的优势，将现代计算机技术和交通治理相结合。在治理交通问题的过程中，应用计算机技术一方面减少了交通工作人员的数量，另一方面使交通系统运转更加高效。因此，要积极推动交通智能化管理，推动共享单车系统服务、出租车平台出行功能，努力扩大智能化管理范围。

3.加强人性化管理

执法、审批部门要树立管理与服务相结合的"人本"理念。在治理交通问题的过程中，为了造成一个路段的交通阻断甚至是瘫痪，应该尽量避免对道路开膛破肚，保证交通的正常运转；在对路段进行整修时，要提前通知市民，还要注重扬尘的预防和治理，减少对空气的污染；要严厉打击违反交通规则的行为，对超载、酒驾、闯红灯等行为一定要严惩，防止这类违反交通规则的行为给市民带来安全隐患。

（四）以智能化信息化为手段，提高治堵的效率和精准度

当今时代，信息技术、智能科技飞速发展，城市交通治堵也要向拼技力、智力的方向发展。绍兴市在2010年做出了建设智慧城市的决定，要以智能化、信息化手段支持城市治堵。一是交通监控要向高清化、综合化方向发展。建设高清化、综合化的智能交通科技系统，既是城市交通管理的发展方向，也是推进城市交通拥堵治理的迫切需要。要做到高效抓拍违法行为、全面采集交通信

息、精准记录车辆轨迹。二是交通服务要向多元化、人性化方向发展。实现多渠道感知、大数据处理、深层次应用。三是科技治堵要在县级城市广泛应用并向乡镇村延伸，实现交通智能监控全覆盖。

（五）完善保障机制，确保城市治堵长效化

坚持以可持续发展观为战略布局治理城市交通拥堵问题，保证治理交通拥堵问题的措施是有弹性的。

1.完善政策体系

随着社会的发展和城市的进步，现有的交通执法政策已经解决不了日益严重的交通拥堵问题，因此必须要不断加强交通政策的完善和创新。在以《道路交通管理法》《城市规划法》为基石的前提条件下，向可持续发展的方向解决交通问题。除此之外，在完善交通管理体系的过程中，还需要协调城市规划问题，城市规划的合理性也会从根源上减少交通问题。

2.优化体制机制

优化交通系统的体制，信息化手段不可或缺。网络中心平台联合交通部门管理交通系统，既提高了交通系统的运转效率，也能为市民提供更好的信息服务。另外，交通研究中心的研究也要有导向性和权威性。交通措施的研究要从交通问题的源头上考虑，一次性解决交通问题，避免治标不治本的现象产生，因此要进一步规范交通系统，全面推进信息化管理、智慧管理。

3.加强监督考核

全面建设文明守法的交通系统，一是要对交通系统的工作人员严格要求，推进执法人员的纪律建设、法制建设，还要提高交通执法人员的专业水平，公平公正公开的进行交通执法，提高社会的公信力；二是要建立监督考核系统，对交通系统内部的专业性进行考核监督，保证交通系统良好运转。三是要加强新闻传媒行业和交通系统合作，通过新闻媒体将更多的交通问题曝光，然后去解决交通问题。除此之外，在具备专业知识的交通人才参与的基础上还要听取社会各界人士的意见，共同建设城市总体规划项目、交通规划项目、重点工程建设项目。

参考文献

[1] 刘明洁，熊建平.城市道路交通拥堵问题研究以南昌市为视角 [M].北京：中国人民公安大学出版社，2013.

[2] 杭州国际城市学研究中心.公交优先战略与城市交通拥堵治理研究 [G] 第三届"钱学森城市学金奖"征集评选活动获奖作品汇编.杭州：杭州出版社，2013.

[3] 郑翔.北京市治理交通拥堵法律问题研究 [M].北京：北京交通大学出版社，2016.

[4] 缪龙琯.城市道路交通拥堵与疏解 [M].昆明：云南美术出版社，2014.

[5] 山中英生.城市交通中存在的问题及其对策 [M].北京：中国建筑工业出版社，2009.

[6] 赵蕾.城市交通拥挤治理问题研究 [M].长春：吉林大学出版社，2013.

[7] 杭州国际城市学研究中心.中国城市交通问题论丛 [G] 第二届"钱学森城市学金奖"征集评选活动获奖作品汇编.杭州：杭州出版社，2012.

[8] 张晓春，林群，李锋.创新与提升深圳城市交通规划设计实践 1996-2016[M].上海：同济大学出版社，2016.

[9] 金永燊，刘小明.路在何方？纵谈城市交通 [M].北京：中国城市出版社，2002.

[10] 何玉宏.城市交通社会学 [M].武汉：华中科技大学出版社，2014.

[11] 盛文韬.城市交通拥堵成因与治理 [J].中国科技投资，2017(32): 26-28.

[12] 王磊.中国城市交通拥堵治理对策研究 [J].公路与汽运，2018(2): 36-39, 44.

[13] 赵鹏军，万海荣.我国大城市交通拥堵特征与国际治理经验借鉴探讨 [J].世界地理研究，2016, 25(05): 48-57.

[14] 何玉宏，谢逢春，郝忠娜.国内外城市交通拥堵治理分析及借鉴 [J].城市观察，2013(02): 136-144.

[15] 邵源，宋家骅.大城市交通拥堵管理策略与方法——以深圳市为例 [J].城市交通，2010, 8(06): 1-7.

[16] 王振坡，崔晴晴.我国城市交通拥堵问题治理思路的反思与匡正 [J].城市，2013(02): 67–73.

[17] 王思雨.城市交通拥堵治理的政府作用研究 [D].西安：长安大学，2016.

[18] 张树林，王春梅.公众参与城市交通治理研究 [J].科教文汇（上旬刊），2016(10): 188–189.

[19] 赵蕾.城市交通拥堵治理：政策比较与借鉴 [J].中国行政管理，2013(05): 82–85.

[20] 彭军，王江锋，王娜.我国大城市交通拥堵成因及治理策略分析 [J].中国科技信息，2011(16): 199–200, 204.

[21] 郭丹.城市交通拥堵治理绩效评价及对策研究 [D].西安：西安工程大学，2015.

[22] 杜中华.城市交通拥堵现状分析与治理对策研究 [J].科技资讯，2015, 13(26): 228–229.

[23] 李云辉.城市交通拥堵治理模式研究——以深圳为例 [J].交通世界，2016(22): 20–22.

[24] 孙雯静.协同治理视域下的城市交通拥堵治理研究 [D].南宁：广西大学，2014.

[25] 马永定.城市道路交通拥堵的经济学分析及对策建议——以绍兴市为例 [J].中国人民公安大学学报（自然科学版），2013, 19(04): 39–44.